Rebecca Tille

Der Vampir als Element der Literaturgeschichte

Literaturwissenschaftliche Untersuchung zur schwarzromantischen Vampirmotivik

Diplomica Verlag GmbH

Tille, Rebecca: **Der Vampir als Element der Literaturgeschichte: Literaturwissenschaftliche Untersuchung zur schwarzromantischen Vampirmotivik,** Hamburg, Diplomica Verlag GmbH 2013

Buch-ISBN: 978-3-8428-8238-6
PDF-eBook-ISBN: 978-3-8428-3238-1
Druck/Herstellung: Diplomica® Verlag GmbH, Hamburg, 2013
Covermotiv: © Dusan Kostic – Fotolia.com

Bibliografische Information der Deutschen Nationalbibliothek:
Die Deutsche Nationalbibliothek verzeichnet diese Publikation in der Deutschen Nationalbibliografie; detaillierte bibliografische Daten sind im Internet über http://dnb.d-nb.de abrufbar.

Das Werk einschließlich aller seiner Teile ist urheberrechtlich geschützt. Jede Verwertung außerhalb der Grenzen des Urheberrechtsgesetzes ist ohne Zustimmung des Verlages unzulässig und strafbar. Dies gilt insbesondere für Vervielfältigungen, Übersetzungen, Mikroverfilmungen und die Einspeicherung und Bearbeitung in elektronischen Systemen.

Die Wiedergabe von Gebrauchsnamen, Handelsnamen, Warenbezeichnungen usw. in diesem Werk berechtigt auch ohne besondere Kennzeichnung nicht zu der Annahme, dass solche Namen im Sinne der Warenzeichen- und Markenschutz-Gesetzgebung als frei zu betrachten wären und daher von jedermann benutzt werden dürften.

Die Informationen in diesem Werk wurden mit Sorgfalt erarbeitet. Dennoch können Fehler nicht vollständig ausgeschlossen werden und die Diplomica Verlag GmbH, die Autoren oder Übersetzer übernehmen keine juristische Verantwortung oder irgendeine Haftung für evtl. verbliebene fehlerhafte Angaben und deren Folgen.

Alle Rechte vorbehalten

© Diplomica Verlag GmbH
Hermannstal 119k, 22119 Hamburg
http://www.diplomica-verlag.de, Hamburg 2013
Printed in Germany

Inhalt

1. Einleitung 7
2. Der Vampir als Phänomen des Volksglaubens 11
   - 2.1 Definition und Etymologie des Vampirs 11
   - 2.2 Vorläufer und verwandte Phänomene 13
   - 2.3 Die Historie des Vampirmythos 14
     - 2.3.1 Der Ursprung des Vampirglaubens 14
     - 2.3.2 Christliche Einflüsse 15
     - 2.3.3 Die Vampirhysterie und ihre Folgen 16
3. Der literarische Ursprung des Vampirgenres 21
4. Die Behandlung des Vampirstoffs im Zeitalter der Aufklärung 23
5. Die Romantik als Blütezeit des Vampirs 25
   - 5.1 Die Schwarze Romantik und ihre Schauerliteratur 25
   - 5.2 Das Vampirmotiv in der Epoche der Romantik 26
   - 5.3 Die Darstellung der literarischen Vampirfigur im 19. Jahrhundert 33
   - 5.4 Die sexualpsychologische Dimension des Vampirs 37
     - 5.4.1 Der männliche Vampir 40
     - 5.4.2 Der weibliche Vampir 42
6. Eine Suche nach vampiristischen Motiven in Goethes *Braut von Korinth* 45
   - 6.1 Antike Quellen der Ballade 46
   - 6.2 Der Vampir in der Braut von Korinth 48
   - 6.3 Kontrastierende Interpretationsansätze 53
7. *The Vampyre* von John William Polidori oder Lord Byron? 57
   - 7.1 Eine schwarzromantische Entstehungsgeschichte 57
   - 7.2 Der byroneske Vampir in Polidoris Erzählung 59
   - 7.3 Der Vampir als gesellschaftskritisches Instrument 62
   - 7.4 Der Vampir in der romantischen Oper 66
8. Der *Upyr* von Alexej Konstantinowitsch Tolstoi 69
   - 8.1 Analyse des Vampirischen und Unheimlichen in Tolstois Upyr ... 72
9. Die Entwicklung der Vampirliteratur im 20. Jahrhundert 79
10. Schlussbetrachtung 89
11. Literaturverzeichnis 95

Abbildungsverzeichnis

Abb. 1 **Lamia.**
Quelle: Harris, Tom: How Vampires Work..13

Abb. 2 **Eine der ersten Vampirdarstellungen auf einem babylonischen Zylindersiegel.**
Quelle: Bunson, Matthew: Das Buch der Vampire. Von Dracula, Untoten und anderen Fürsten der Finsternis. 2001. S. 161. 14

Abb. 3 **Titelblatt zu Ranfts Abhandlung.**
Quelle: Ranft, Michael: Tractat von dem Kauen und Schmatzen der Todten in Gräbern. 1734. 17

Abb. 4 **Heinrich August Ossenfelder: Der Vampyr, 1748.**
Quelle: Der Naturforscher. Achtund-vierzigstes Stück. 1748. S. 380f........................23

Abb. 5 **Titelblatt zu Varney the Vampire or the Feast of Blood.**
Quelle: Skal, David J.: Hollywood gothic. 1990. S. 14...28

Abb. 6 **Der Horla.**
Quelle: Maupassant, Guy de: Der Horla. 1989. S. 41..29

Abb. 7 **Der weibliche Vampir als männermordendes Ungetüm. Edvard Munch: „Vampir". Lithografie, 1900.**
Quelle: Borrmann, Norbert: Vampirismus oder die Sehnsucht nach Unsterblichkeit. München 1998. S. 238. 43

Abb. 8 **Lord Byron und sein Diener Polidori beim Verlassen ihres Bootes am Genfer See. Druck von George Gordon.**
Quelle: Meurer, Hans: Die Engel der Finsternis. Freiburg 2001. S. 56......................57

Abb. 9 **Plakat zu Heinrich Marschners romantischer Oper *Der Vampyr* 1828.**
Quelle: Borrmann, Norbert: Vampirismus oder die Sehnsucht nach Unsterblichkeit. 1998. S. 261. 67

Abb. 10 **Anne Rice: *Inteview with the Vampire*.**
New York: Alfred. A. Knopf 1976. Quelle: www.royalbooks.com 83

Abb. 11 **Erste *Vampirella*-Ausgabe**
(erschienen im September 1969) Quelle: www.mycomicshop.com........................86

Abb. 12 **Der kleine Vampir (1979).**
Quelle: www.buchfreund.de 86

1. Einleitung

„Es ist Nacht. Eine dunkle Gestalt, nur schemenhaft zu erkennen, schleicht sich im Dunkeln unbemerkt an einen Menschen heran. Im Mondlicht kann man nur die spitzen, scharfen Zähne erkennen…"[1] Unweigerlich handelt es sich hierbei um die Schilderung eines Vampirangriffs. Doch woher stammt diese? Sie könnte aus einer Erzählung eines antiken Geschichtenerzählers aus Homers Zeiten entnommen oder von einem Romanautor des 19. Jahrhunderts verfasst worden sein oder aber gleichfalls aus einem Kinofilm des letzten Sommers hervorgehen. Es treffen viele Möglichkeiten zu, welche die Annahme verstärken, dass das Motiv des Vampirs[2] die Jahrhunderte überdauert hat.

Die Gestalt des blutsaugenden Wiedergängers hat sich zu einem beliebten literarischen Motiv entwickelt. Als angsteinflößendes Monster, erotisches Ungeheuer oder auch bleiche Gestalt, die seine Opfer zähnefletschend verfolgt, wandelt es durch zahlreiche Filme, Gruselgeschichten, Lieder, Comics, Werbungen oder PC-Spiele. Doch worin fundiert sich eine solche Faszination des Vampirmythos? Die Gesellschaft nimmt den Urglauben des Wiedergängers als gegeben hin, doch stellt sich dabei die Frage, was ein Vampir überhaupt ist und wie sich der Glaube an solche Wesen erst entwickeln konnte.

Besonders die fiktive Literatur wurde vom Vampir weltweit erobert. Als literarisches Motiv nahm die Vampirgestalt bereits in antiken Dichtungen ihren Anfang.[3] Während der ausbrechenden Vampirpanik im 18. Jahrhundert fand die Thematik in der Belletristik jedoch keine Geltung, dafür allerdings in der Wissenschaft. Lediglich Heinrich August Ossenfelders Gedicht *Der Vampyr* aus dem Jahre 1748 bildete als literarische Reaktion auf die Vampirberichte die Ausnahme und galt gleichzeitig als erster fiktionaler Text in Europa, der diese Motivik aufgriff. Erst auf der Schwelle zum 19. Jahrhundert und mit dem Beginn der Romantik nahm der Vampir eine herausragende Stellung in der fiktiven Literatur ein und bildete ein besonders spektakuläres Instrument der sogenannten Schwarzen Romantik, welche darauf bedacht war, die Nachtseiten der menschlichen Natur darzustellen. Mit der Figur des Vampirs „verbindet sich ein komplexes Bündel an Vorstellungen über die Abgründe der menschlichen Psyche, über das Verhältnis der Geschlechter, über

---

[1] Döring, Ramona: Vom Monster zur Identifikationsfigur: der Vampirmythos im Wandel. In: Mythen in der Kunst. Hrsg. von Hans Körner. Würzburg: Königshausen & Neumann 2004 (= Mythos No. 1). S. 281.
[2] Hinweis: Im Folgenden wird vornehmlich das generative Maskulinum gebraucht, jedoch gilt dieses für beide Geschlechter.
[3] Beispiele für antike Dichtungen mit vampirischen Motiven bilden Ovids *Fasti* oder Homers *Odysee*. Vgl. Pütz, Susanne: Vampire und ihre Opfer. Der Blutsauger als literarische Figur. Bielefeld: Aisthesis 1992. S. 23.

Liebe, Sexualität und Tod und deren Beziehung zur Kunst."[4] Besonders starke Aufmerksamkeit beim Publikum erreichte der Vampir mit Abraham „Bram" Stokers *Dracula* von 1897, welcher wohl als der berühmteste Vampirroman gelten kann. Im 20. Jahrhundert entwickelte sich die Figur des Blutsaugers weiter zu einem bedeutungsvollen Element der Horrorliteratur, wurde jedoch gleichzeitig Opfer von Trivialisierungsversuchen.[5] Die Verwendung des Sujets erfährt auch im 21. Jahrhundert enormen Zuspruch, wie beispielsweise an der Biss-Jugendbuchreihe (2005-2009) der amerikanischen Autorin Stephanie Meyer deutlich wird.

Zu Beginn der vorliegenden Untersuchung soll zunächst der Vampir als ein Phänomen des Volksglaubens analysiert werden. Hierbei findet nicht nur eine etymologische Betrachtung und Definition des Begriffes statt, nebst einer Darstellung von verwandten Phänomenen. Ebenfalls soll der Vampirmythos hinsichtlich seiner Historie, seinen Einflüssen und Folgen erläutert werden. Anschließend gilt es, die Figur des Vampirs im Laufe der Literaturgeschichte darzustellen und zu untersuchen, denn der Vampir des Volksglaubens ist klar von dem literarischen Vampir zu unterscheiden. Es stellt sich die Frage, ob der literarische Ursprung des Vampirgenres tatsächlich in der antiken Dichtung liegt oder es schon früher Werke mit vampirischen Motiven gab. Des Weiteren soll die Verwendung des Vampirmotivs im Zeitalter der Aufklärung vorgestellt werden. Das besondere Augenmerk der bevorstehenden Analyse wird dabei jedoch auf die Epoche der Romantik gerichtet werden, innerhalb welcher der Vampir ein stark verbreitetes literarisches Aufkommen erfuhr und von dieser Zeit an bis ins 21. Jahrhundert hinein einen regelrechten Vampir-Boom auslöste. Im 19. Jahrhundert erlangte der Vampirmythos in der Dichtung eine enorme künstlerische Bedeutung, weil er von da an nicht mehr nur ausschließlich historisches, sondern gleichfalls ästhetisches Interesse weckte. Dabei gilt es herauszufinden, warum sich erst die romantische Schule für die Aufnahme des Vampirstoffes bereit zeigte und wie sie die Figur des Vampirs darstellte und in der Literatur verwendete. Zudem soll die erotische Dimension des Vampirs, wie sie besonders bei seinen Angriffen oder seiner Vernichtung zu bemerken ist, eruiert werden. Hierzu wird eine differenzierte Beleuchtung des weiblichen und des männlichen Vampirs in der Literatur des 19. Jahrhunderts stattfinden.

Um das Vampirmotiv in der romantischen Epoche exemplifizierend zu veranschaulichen, sollen ein deutsches, ein englisches und ein russisches Werk herangezogen werden. Für die

---

[4] Claes, Oliver: Fremde. Vampire: Sexualität, Tod und Kunst bei Elfriede Jelinek und Adolf Muschg. Bielefeld: Aisthesis 1994. S. 30.
[5] Vgl. Pütz, Susanne: Vampire und ihre Opfer. Der Blutsauger als literarische Figur. Bielefeld: Aisthesis 1992. S. 23ff.

Analyse des Sujets wurden *Die Braut von Korinth* (1797) von Johann Wolfgang von Goethe, *The Vampyre* (1816) von John William Polidori und *Upyr* (1841) von Graf Alexej Konstantinowitsch Tolstoi ausgewählt.[6] Bei Goethes Ballade soll besonders der Frage nachgegangen werden, was den Weimarer Dichter zu seinem „Vampyrische[n] Gedicht"[7] inspirierte. Da die Forschungsansichten bezüglich des vampirhaften Sujets stark divergieren, wird ebenfalls dieser literaturwissenschaftliche Diskurs kurz aufgezeigt werden.

Die Entstehungsgeschichte zu Polidoris *The Vampyre* ist beinah genauso romanhaft und phantastisch wie die Erzählung selbst. Sie wird, neben einer gesellschaftskritischen Analyse des Werkes, eine flüchtige Betrachtung erfahren. Polidori hatte viele Nachahmer, besonders im Bereich des musikalischen Genres, weshalb die Bühnenadaptionen des Werkes und sein vampiristischer Einfluss auf die romantische Oper erläutert werden sollen.

Tolstois Novelle weist eine sehr komplizierte und verschachtelte Erzählweise auf, bei welcher nicht nur der Protagonist, sondern auch der Leser kaum „Trug von Wahrheit [zu] unterscheiden"[8] vermag. Sein Spiel mit dem vampirischen Thema vermischt sich mit zahlreichen verschiedenen Elementen des Horrorgenres, welches aufgezeigt und analysiert werden soll.

Um eine umfassende literaturgeschichtliche Analyse der Verwendung der Vampirfigur in der Literatur erstellen zu können, ist es ebenfalls Aufgabe, auch das 20. Jahrhundert zu betrachten und dem einen Ausblick auf das Vampirmotiv im 21. Jahrhundert folgen zu lassen.

Seit dem beginnenden 19. Jahrhundert interessierte sich sowohl die Leser- als auch die Autorschaft für die Motive der Phantastik, wie Gespenster, Monster, Teufel und auch Vampire. Diese Arbeit greift das schwarzromantische Motiv des Vampirs heraus und setzt sich grundlegend das Ziel, dessen Verwendung in der Literaturgeschichte und besonders zur Zeit der Romantik aufzuzeigen. Gleichfalls verfolgt die Analyse den Zweck, die Figur des Wiedergängers den Kritik- und Trivialisierungsversuchen nicht völlig anheimfallen zu

---

[6] Der Fokus der Untersuchungen wird ausschließlich auf die Darstellung des Vampirmotivs in den literarischen Werken der romantischen Epoche gelegt. Im Rahmen dieser Arbeit wird daher allein die Untersuchung des Sujets und keine vergleichende Analyse der Werke vorgenommen. Ein Vergleich würde vorwiegend Differenzen statt Konvergenzen deutlich machen und somit ausschließlich den Kontrast der Dichtungen betonen. Die einzige Gemeinsamkeit der Werke ist nämlich die Tatsache, dass die Autoren auf eine Darstellung der vampirischen Figur nach der festen Ikonographie, mit der der slawische Volksglaube die Vampirgestalt ausstaffierte, verzichteten. Dies lässt sich jedoch auch in genügend anderen romantischen Schauerromanen, wie zum Beispiel Die liebende Tote von Théophile Gautier oder Carmilla von Sheridan Le Fanu, vorfinden.

[7] Goethe ueber seine Dichtungen. Versuch einer Sammlung aller Aeusserungen des Dichters ueber seine poetischen Werke. Theil 3: Die lyrischen Dichtungen. Band 1. Hrsg. von Hans Gerhard Gräf. Frankfurt a. M.: Rütten & Loening 1912. S. 274f.

[8] Tolstoi, [Alexej] K.: Der Vampir. (Aus dem Russ. übers. v. Werner Creutziger). Berlin/ Weimar: Aufbau-Verlag 1972 (= BB 239). S. 77.

lassen. Der Vampirmythos verlor niemals seinen Platz in der menschlichen Phantasie und seine literarische Bearbeitung ist auch heute noch von enormem Interesse. Somit darf er der modernen literaturwissenschaftlichen Analyse keinesfalls entzogen werden. Vielmehr sollte der kausalen Frage nachgegangen werden, warum er bis in das moderne Zeitalter hinein immer noch so starke Präsenz aufweist.

2. Der Vampir als Phänomen des Volksglaubens

2.1 Definition und Etymologie des Vampirs

In der Volkskunde galt ein wiederkehrender Toter, der nachts aus seinem Grabe stieg und den Lebenden das Blut aussog, als Vampir. Sie waren als Blutsauger bekannt, da sie Blut benötigten, um ihr halbtotes Leben fortführen zu können. Der „Saft des Lebens" – das Blut – besaß angeblich besondere Eigenschaften, wodurch er zum Objekt der Begierde wurde, denn mit ihm konnten die Vampire sich das Prinzip des Lebens einverleiben und damit die Endgültigkeit ihres Todes unterlaufen. Des Weiteren wurden sie auch als „Wiedergänger"[9] oder „Nachzehrer"[10] bezeichnet. Während die Wiedergänger als dem Grabe entstiegene Gespenster Angst und Schrecken verbreiteten, blieben die Nachzehrer in ihrem Grab und verzehrten dort ihr Totengewandt und nagten ihren Körper an. Diese beiden Klassen von Untoten galten als böswillig und als Auslöser von Krankheiten und Tod. Der Vampir bildete als Blutsauger eine Abart der Wiedergänger.[11]

Das Handwörterbuch des deutschen Aberglaubens besagt, dass der Nachzehrer es vermochte, andere Menschen auf gewisse Weise nach sich in den Tod zu ziehen. Wenn der Vampirangriff erfolgreich war, so waren seine Opfer mit der Vampirkrankheit angesteckt und ebenfalls zu einem Dasein zwischen Leben und Tod verdammt. Ein Nachzehrer konnte daran erkannt werden, dass bei ihm keine Totenstarre einsetzte und seine Augen sowie sein Mund, bei welchem die Lippen noch rot waren, geöffnet blieben.[12]

Der Volksglaube unterschied zwischen dem lebenden Vampir, der nach seinem Tod zu einem gefürchteten Blutsauger mutierte und dem vampirischen Gespenst, das von dem Leichnam ausging, um sich das Blut der Lebenden zu holen. Wenn der Verdacht bestand, dass ein Vampir umherging, so wurde der verdächtigte Leichnam ausgegraben und untersucht. Konnten keinerlei Verwesungsmerkmale festgestellt werden, sondern Auffälligkeiten wie rosige Haut oder Blut am Mund, so wurde die Leiche, um weiterem Unheil entgegenzuwirken, geköpft, mit einem Holzpflock in die Brust gepfählt oder verbrannt. Alte Berichte sprechen von einem großen Blutfluss der Leichname während der

---

[9] [Art.] Nachzehrer. In: Handwörterbuch des deutschen Aberglaubens. Band VI. Hrsg. von E. Hoffmann-Krayer. Berlin/ Leipzig: de Gruyter 1934/35. S. 812.
[10] Ebd.
[11] Vgl. Kroner, Michael: Dracula. Wahrheit, Mythos und Vampirgeschäft. Heilbronn: Johannis Reeg Verlag 2005. S. 57.
[12] Vgl. [Art.] Nachzehrer. In: Handwörterbuch des deutschen Aberglaubens. Band VI. Hrsg. von E. Hoffmann- Krayer. Berlin/ Leipzig: de Gruyter 1934/35. S. 812ff.

Vampirexekution oder gar einem Röcheln, als der Pfahl durch das Herz geschlagen wurde.[13]

Historische Schriften besagen außerdem, dass der Vampir in verschiedenen Gestalten erscheinen konnte. Neben den Möglichkeiten als Mensch, Wolf, Ziege, Pferd, Frosch, Hund, Katze, Schlange oder Schmetterling in Erscheinung zu treten, war die bekannteste Variante, die der Fledermaus. Eine Fledermausart aus Südamerika ist sogar unter dem Namen des *Vampyrs* bekannt. Diese Art ist allerdings ungefährlich, ernährt sie sich doch allein von Insekten und Früchten.[14]

Die Bezeichnung *Vampir* für einen blutsaugenden Toten trat in Deutschland zum ersten Mal 1732 in medizinischen und philosophischen Abhandlungen auf, die sich mit Fällen von Vampirismus auf dem Balkan beschäftigten.[15] In Schlesien und Preußen kannte man neben *Blutsauger* auch die Bezeichnungen *Gierrach*, *Gierhals* und *Unbegier*. Johann Christoph Harenberg hegt in seinem 1733 erschienenen Buch *Vernünftige und christliche Gedancken über die Vampirs* die Vermutung, dass sich das Wort *Vampir* aus dem griechischen *vam* für «Blut» und dem altdeutschen *piren* für «begierig nach einer Sache trachten» zusammensetzt. Michael Ranft polemisiert in seinem Traktat *Von dem Kauen und Schmatzen der Todten in Gräbern* von 1734 gegen diese unhaltbare etymologische Erklärung, da sie das Wort aus zwei unterschiedlichen Sprachen herzuleiten versucht. Stefan Hock schreibt in seinem Werk *Die Vampyrsagen und ihre Verwertung in der Literatur*, das Wort *Vampir* käme vom Serbischen вампир, kann allerdings keine Wortbedeutung angeben. Eine eindeutig etymologische Herkunft des Wortes *Vampir* lässt sich demnach nicht nachweisen. Die serbische Bevölkerung gebrauchte es für den *Blutsauger* und diese Bedeutung soll ihm auch in dieser Arbeit zugemessen werden.[16]

Es ist wichtig zwischen den Vampiren, wie sie im Volksglauben existieren, und Vampiren, die sich in der Literatur und im Film als blutsaugende Gestalten entwickelt haben, zu unterscheiden. Es herrschte nicht immer ein einheitlicher Vampir-Typus und wie oben festgehalten, unterscheidet selbst der Volksglaube nicht immer klar zwischen den verschiedenen Arten von Untoten.

---

[13] Vgl. Equiamicus, Nicolaus: Vampire damals und heute: eine Chronologie. Diedorf: Ubooks-Verlag 2010. S. 45.
[14] Vgl. Von denen Vampiren oder Menschensaugern. Dichtungen und Dokumente. Hrsg. von Dieter Sturm u. Klaus Völker. Frankfurt a.M.: Suhrkamp 2003 (= Phantastische Bibliothek, Band 306) S. 525.
[15] Vgl. Ebd. S. 506.
[16] Vgl. Equiamicus, Nicolaus: Vampire damals und heute: eine Chronologie. Diedorf: Ubooks-Verlag 2010. S. 43f.

2.2 Vorläufer und verwandte Phänomene

Der Ursprung des Vampirglaubens lässt sich bis in die antike Welt zurückverfolgen. Die griechisch-römische Zivilisation kannte zwar noch nicht die aus ihren Gräbern zurückkehrenden Toten, wohl aber die blutsaugenden Nachtgeister Lamien (siehe Abbildung 1) und Empusen, welche ihre menschlichen Opfer im Schlaf verfolgten und töteten. Sie besaßen die Fähigkeit, dem Menschen, dem sie nachstellten, Dinge vorzugaukeln, welche gar nicht existierten und ihre Gestalt so zu ändern, dass sie wie Menschen aussahen. In ihrer Vorgehensweise sind sie jedoch zu unterscheiden. Während die Empuse verführerisch ist und mit ihrer Beute spielt, ist die Lamia hingegen meist weniger sensibel und holt sich sofort, was sie benötigt. Die Empusen stellten vornehmlich jungen Männern nach, indem sie sich in schöne Frauen verwandelten, jene verführten und ihnen beim Geschlechtsakt die Lebenskraft raubten, wodurch diese anschließend erkrankten und starben. Sie töteten Männer aber auch sofort und fraßen ihnen das Fleisch von den Knochen.[17]

Abb. 1 **Lamia.**
Quelle: Harris, Tom: How Vampires Work.

Auch die Lamien waren gespenstische Frauen, die schöne Jünglinge und ebenso Kinder mit Hilfe ihres Blendwerkes anlockten, um ihnen das Blut auszusaugen und ihr Fleisch zu genießen:

> Schon einzelne Motive der Sage von Lamia, jener Geliebten des Zeus, die durch die eifersüchtige Hera dem Wahnsinn verfiel, ihre Kinder tötete und vor Kummer häßlich wurde und schließlich in schlaflosen Nächten anderen Müttern die Kinder raubte, weisen deutlich genug auf den alten Vampirglauben hin. In nachklassischer Zeit vermischen sich die Lamien mit den Vampiren der slawischen Einwanderer.[18]

Jedoch unterscheiden sich die Lamien und Empusen von der slawischen Ausprägung des Blutsaugers insofern, als ihnen das entscheidende Kriterium des Wiedergängers fehlt: Sie sind nicht als Phantom eines bestimmten Verstorbenen konkret identifizierbar, sondern

---

[17] Vgl. Equiamicus, Nicolaus: Vampire damals und heute: eine Chronologie. Diedorf: Ubooks-Verlag 2010. S. 17f.
[18] Von denen Vampiren oder Menschensaugern. Dichtungen und Dokumente. Hrsg. von Dieter Sturm u. Klaus Völker. Frankfurt a.M.: Suhrkamp 2003 (= Phantastische Bibliothek, Band 306) S. 508.

existieren als abstrakte gesichtslose Spuk- und Fabelwesen,[19] wie beispielsweise in der Walpurgisnacht im II. Teil des *Fausts* von Johann Wolfgang von Goethe.[20]

2.3 Die Historie des Vampirmythos

2.3.1 Der Ursprung des Vampirglaubens

Der Glaube an wiederkehrende Tote und Blutsauger war seit der Frühzeit der Menschen in allen Kulturkreisen bekannt. Die älteste Darstellung solcher Wesen ließ sich bereits auf babylonischen Zylindersiegeln aus dem 3. Jahrtausend v. Chr. finden (siehe Abbildung 2). Und sogar die alten Mythen der Inder, Chinesen, Juden, Araber und Römer enthielten schon vampirähnliche Wesen. Die auffallendste Parallele war jedoch in Afrika anzutreffen. Dort wurde der Glaube vertreten, dass Zauberer nach ihrem Tod zu Blutsaugern werden und anschließend Tieren und Menschen das Blut aussaugten sowie Leute im Schlaf durch Aufhocken quälten.[21]

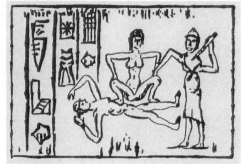

Abb. 2 **Eine der ersten Vampirdarstellungen auf einem babylonischen Zylindersiegel.**
Quelle: Bunson, Matthew: Das Buch der Vampire. Von Dracula, Untoten und anderen Fürsten der Finsternis. 2001. S. 161.

Die Vorstellung von blut- und fleischverzehrenden Ungeheuern war genauso stark verbreitet wie die Angst vor einer möglichen Rückkehr der Toten in das Reich der Lebenden. In vielen Gebieten Europas fürchtete sich die Bevölkerung vor Wiedergängern, die ihre Opfer heimsuchten. Bereits Ende des 12. Jahrhunderts ließen sich in England vereinzelt Fälle von *Revenants*[22] nachweisen, während derartige Wesen in Deutschland erst im Jahre 1337 auftraten. Dokumente dieser Zeit berichten von Verstorbenen, die einige Zeit nach ihrer Bestattung aus ihren Gräbern stiegen, einzelne Bewohner des Dorfes beim Namen riefen und somit den Tod der genannten Per-

---

[19] Vgl. Pütz, Susanne: Vampire und ihre Opfer. Der Blutsauger als literarische Figur. Bielefeld: Aisthesis 1992. S. 15.
[20] Vgl. von Goethe, Johann Wolfgang: Faust. Zweiter Teil. In: Goethes Sämtliche Werke. Jubiläums-Ausgabe. 14. Band. Hrsg. v. Eduard von der Hellen. Stuttgart/ Berlin: Cotta 1906. S. 120ff.
[21] Vgl. Kroner, Michael: Dracula. Wahrheit, Mythos und Vampirgeschäft. Heilbronn: Johannis Reeg Verlag 2005. S. 59.
[22] Geist, der aus einer anderen Welt wiederkehrt. Vgl. [Art.] Revenant. In: Meyers Konversations-Lexikon. Eine Encyclopädie des allgemeinen Wissens. Band 13: Phlegon – Rubinstein. 4. Auflage. Leipzig: Verlag des Bibliographischen Instituts 1888. S. 765. In der vorliegenden Arbeit wird der Begriff des Revenants synonym für den des Vampirs verwendet.

son herbeiführten. In Schlesien soll als Variante des Wiedergängers besonders der Nachzehrer vertreten gewesen sein. Er zog seine Verwandten ins Grab, indem er unter lautem Kauen und Schmatzen im Sarg sein Leichentuch und Teile seines Körpers vertilgte. Da diesen Untoten jedoch die charakteristische Eigenschaft des Blutraubens fehlt, können sie bloß als Verwandte oder Vorläufer des Vampirs eingestuft werden. Erst im Volksgauben der Balkanländer, die als politisches und religiöses Grenzgebiet zwischen Europa und Asien jahrhundertelang unterschiedlichen Kultureinflüssen ausgesetzt waren, entstand durch die Verschmelzung der europäischen Figur mit der des orientalisch-antiken Blutsaugers die besondere Gestalt des blutrünstigen Revenants. Von dort aus verbreitete sich der Mythos in ganz Ost- und Mitteleuropa.[23]

2.3.2 Christliche Einflüsse

Bei der Verbreitung des Vampirglaubens spielte auch die römisch-katholische Kirche eine nicht unerhebliche Rolle. Um unter der islamischen Bevölkerung des Balkans ihre eher unbedeutende Position behaupten zu können, machte sie sich um 1600 die dort verstärkt herrschende Furcht vor blutsaugenden Revenants zunutze, indem sie derartige Wesen zu Verbündeten des Teufels erklärte, welche das menschliche Seelenheil bedrohten. Somit wurden die ideologiefreien Schreckensfiguren ihrem heidnischen Umfeld enthoben und als warnendes Mahnmal in einen christlichen Kontext gesetzt. In der volkstümlichen Vorstellung genügte es zum Beispiel bereits mit einem Zahn auf die Welt zu kommen, als siebtes Kind einer Familie geboren zu werden oder Opfer eines nicht gerächten Mordes zu sein, um sich nach dem Tod in einen Vampir zu verwandeln. Nachdem sich die römische Kirche des slawischen Mythos angenommen hatte, drohte auch derjenige als Vampir aus seinem Grab zurückzukehren, der in irgendeiner Form gegen die kirchlichen Gesetze verstoßen hatte. Dazu gehörten neben Verbrechern, Exkommunizierten und Toten ohne Sterbesakramente auch Personen, die sich okkulten Wissenschaften oder der schwarzen Magie verschrieben hatten. Sowohl die Vernichtungs- als auch die Schutzmöglichkeiten erhielten in dem modifizierten Aberglauben eine speziell christliche Bedeutung. In erster Linie galten zum Beispiel lediglich Personen als sicher vor einem Vampirangriff, die ein frommes Leben führten und die Gesetze der Kirche befolgten. Auch die endgültige Zerstörung eines

---

[23] Vgl. Pütz, Susanne: Vampire und ihre Opfer. Der Blutsauger als literarische Figur. Bielefeld: Aisthesis 1992. S. 15f.

Wiedergängers war ohne die Kirche unmöglich, da nur ein Priester, als ein Diener Gottes, die Exekution erfolgreich vornehmen konnte.[24]

Weiterhin stellte der Vampirismus durch seine Hauptmerkmale, wie Unverwesbarkeit und dem Weiterleben nach dem Tod, wichtige Grundsätze der christlichen Lehre über die Auferstehung des Menschen beim Jüngsten Gericht durch die Gnade Gottes in Frage. Der Benediktinermönch Augustin Calmet schrieb 1744 in der ersten Auflage seines Werkes *Gelehrte Verhandlungen von den sogenannten Vampiren oder zurückkommenden Verstorbenen*, dass der Vampirglaube nicht gegen christliche Glaubensgrundsätze verstoße, weil Gott die Menschen durch Vampire strafen wollte. Als Papst Benedikt XIV. 1749 den Vampirismus jedoch zur Wahnvorstellung erkrankter Menschen erklärte, änderte auch Calmet in der zweiten Auflage seines Buches 1749 seinen Standpunkt und erklärte nun alle Berichte über Vampire als Blendwerk und gab als Ursache die schlechte Ernährung bei den Balkanvölkern an.[25]

Somit nutzte die Kirche den Vampirglauben zwar für sich, um ihre Machtstellung auszubauen. Doch nachdem sie die blasphemische Umkehrung des Mythos, zum Beispiel in Hinsicht auf die Auferstehung, erkannte, wollte sie das christliche Modell schützen und sah sich gezwungen die abergläubischen Vorstellungen zu widerlegen.

2.3.3 Die Vampirhysterie und ihre Folgen

Die blutraubende Vampirgestalt fand ihre klassische Erscheinung besonders im 17. und 18. Jahrhundert. Laut Untersuchungen Calmets sollen Vampire auf dem Balkan um 1680 aufgetreten sein. Auch für die in Südosteuropa umhergehende Pestepidemie 1709 wurden Vampire verantwortlich gemacht. Infolgedessen kam es in den 20er- und 30er-Jahren des 18. Jahrhunderts zu einer regelrechten Vampirpanik. Der Vampirglaube wurde durch die Todesfälle zweier Männer in Serbien enorm verstärkt. Es handelte sich hierbei um Peter Plogosovitz, verstorben 1725 in Kislova, und Arnold Paole, verstorben 1732 in Medvegia. Nach ihrem Tod brach eine unbekannte Krankheit aus, die mehrere Menschen dahinraffte. Es fanden sich in beiden Fällen Zeugen, die behaupteten Plogosovitz und Paole nachts als Vampire gesehen zu haben und dass diese ihnen Blut entzogen hätten. Daraufhin wurden ihre Gräber geöffnet und man fand die Leichen unverwest sowie angefüllt mit Blut vor.

---

[24] Vgl. Pütz, Susanne: Vampire und ihre Opfer. Der Blutsauger als literarische Figur. Bielefeld: Aisthesis 1992. S. 16f.
[25] Vgl. Kroner, Michael: Dracula. Wahrheit, Mythos und Vampirgeschäft. Heilbronn: Johannis Reeg Verlag 2005. S. 62f.

Beiden Leichnamen wurde daraufhin ein Pfahl ins Herz getrieben, um sie als Vampire unschädlich zu machen.[26]

Das Zeitalter der Aufklärung sah sich mit zahlreichen weiteren Vampirberichten, etliche davon aus Deutschland stammend, konfrontiert. Die gelehrte Welt der Professoren, Mediziner, Philosophen und Theologen versuchte die anscheinend offensichtlichen Vampirerscheinungen zu erklären oder zu widerlegen. Nicht wenige neigten sogar dazu, dem Glauben an Vampire zu verfallen. Wie etwa Jean-Jacques Rousseau: „Wenn es jemals in der Welt eine bewiesene und geprüfte Geschichte gab, dann die der Vampire. Es fehlt an nichts: Offizielle Berichte, Zeugenaussagen von Gewährspersonen, von Chirurgen, von Priestern, von Richtern: Die Beweise sind vollständig."[27]

Im Jahre 1734 veröffentlichte der Diakon Michael Ranft erstmals sein Traktat *Von dem Kauen und Schmatzen der Todten in Gräbern* (siehe Abbildung 3) und lieferte damit das erste Standardwerk zum Vampirglauben. Er tat die Vorkommnisse nicht von vornherein als Aberglauben ab, bemühte sich aber zumindest um eine natürliche Erklärung der Phänomene.

Abb. 3 **Titelblatt zu Ranfts Abhandlung.**
Quelle: Ranft, Michael: Tractat von dem Kauen und Schmatzen der Todten in Gräbern. 1734.

So erklärte er beispielsweise das Kauen und Schmatzen durch Tiereinflüsse an Gräbern, die unzulänglich abgedeckt worden sind. Die plötzlich auftretenden Todesfälle in der Umgebung eines angeblichen Vampirs seien durch die Pest verursacht worden. Und für die verlangsamte Verwesung sah er die Ursache in chemischen Vorgängen oder besonderen Eigenschaften der Erde. Demnach war er bereits der Ansicht, dass vom Stadium des Leichnams bis zu seiner Verwesung noch gewisse Kräfte am Werk sind.[28]

Im 18. Jahrhundert entstanden zahlreiche Theorien über das Vampirwesen, doch eine sollte ganz besonders an Bedeutung gewinnen. Es handelt sich hierbei um die Annahme, dass

---

[26] Vgl. Kroner, Michael: Dracula. Wahrheit, Mythos und Vampirgeschäft. Heilbronn: Johannis Reeg Verlag 2005. S. 60.

[27] Steinhauer, Eric W.: Vampyrologie für Bibliothekare. Eine kulturwissenschaftliche Lektüre des Vampirs. Hagen-Berchum: Eisenhut-Verl. 2011 (= Bibliothope, Bd. 1). S. 48f. „S'il y eût jamais au monde une histoire garantie et prouvée, c'est celle des vampires. Rien ne manque: rapports officiel, témoignages de personnes de qualité, de chirurgiens, de prêtres, de juges: l'evidence est complete.", Vgl.: Valls de Gomis, Estelle: Le vampirs au fil de siècles. Enquête autour d'un mythe. Cheminements 2005. S. 68.

[28] Vgl. Ranft, Michael: Tractat von dem Kauen und Schmatzen der Todten in Gräbern, worin die wahre Beschaffenheit derer Hungarischen Vampyrs und Blut-Sauger gezeigt, auch alle von dieser Materie bißher zum Vorschein gekommene Schrifften recensiret werden. Leipzig: Teubner's Buchladen 1734. I. Teil § 47. II. Teil § 19, 20.

zwischen dem Hexenwahn, genauer dessen Schwinden, und der Vampirhysterie ein enger Zusammenhang bestand. Der Niedergang der Hexen soll durch den Aufstieg der Vampire nahtlos abgelöst worden sein. Nicht die aufklärerischen Bemühungen sollen den Hexenwahn beendet haben, sondern vielmehr die Suggestionskraft der Vampire soll zu seiner Verdrängung geführt haben, nachdem erste Skandalfälle publik wurden.[29]

In der zweiten Hälfte des 18. Jahrhunderts flaute die Vampirpanik allmählich ab. Damit der unbändige Vampirglaube endlich aus dem öffentlichen Diskurs verschwinden konnte, wurde von Maria Theresia[30] ein Verbot ausgesprochen. Sie schickte 1755 ihren Leibarzt nach Mähren, um die dortige Vampirplage aufzuklären. Sein nüchterner, erklärender Bericht veranlasste sie zu einem Vampir-Erlass, der alle traditionellen Prozeduren untersagte und verfügte, dass Hinweise auf auferstandene Tote nicht länger der Kirche, sondern den Behörden zu melden seien.[31]

Doch trotz dessen verschwand der Glaube an untote Wiedergänger keineswegs aus den Köpfen der Menschen. Rituelle Hinrichtungen von vermeintlichen Vampiren sind noch bis in unsere Tage nachweisbar. Etwa 1870 erregten in Westpreußen, Pommern und Mecklenburg eine Reihe von sogenannten Vampirprozessen Aufsehen. Aufgrund mehrerer Fälle von Leichenschändung und Friedhofsentweihung, hatte die ländliche Bevölkerung Untote in den Gräbern vermutet. 1913 wurde in einem Dorf bei Danzig die Leiche einer Frau, nach deren Tod sieben Menschen verstarben, von ihren Angehörigen ausgegraben und geköpft. Im Jahre 2003 wurde in Rumänien von dem Wissenschaftler Peter Mario Kreuter der Dokumentarfilm *Der Vampirjäger* erstellt. Darin wurden Fälle von Pfählungen und Toten genannt, von denen man annahm, dass sie Vampire seien. Sogar ein 15-Jähriger soll 2002 in dem Dorf Lipov exhumiert und gepfählt worden sein. Wie stark sich der Aberglaube sogar im 21. Jahrhundert noch hält, zeigte ebenfalls der Vorfall einer jungen Nonne, die 2005 in einem rumänischen Kloster bei einer Teufelsaustreibung ums Leben kam. Der Prior des orthodoxen Klosters hatte mit vier weiteren Nonnen die angeblich Besessene an ein Holzkreuz gekettet und geknebelt. Nach drei Tagen am Kreuz, ohne Nahrung und Wasser, verstarb die 23-Jährige am 15. Juni 2005. Deutsche Zeitungen vermeldeten im gleichen Jahr die Nachricht, dass die katholische Kirche den Kampf gegen den Teufel verschärfte. Die Faszination des Teufels sei auf dem Vormarsch, weswegen die Priester durch

---

[29] Vgl. Borrmann, Norbert: Vampirismus oder die Sehnsucht nach Unsterblichkeit. München: Diederichs 1998. S. 57f.
[30] Maria Theresia (1717-1780): Erzherzogin von Österreich und Königin von Ungarn und Böhmen.
[31] Vgl. Meurer, Hans: Vampire. Die Engel der Finsternis. Der dunkle Mythos von Blut, Lust und Tod. Freiburg i. Brsg.: Eulen-Verlag 2001. S. 54.

Exorzismus-Seminare gründlich vorbereitet werden müssten.[32] Angesichts solcher Nachrichten ist es nicht verwunderlich, dass der Vampirkult bis zur heutigen Zeit anhält.

Doch nach seiner Ablehnung als Aberglaube schlief der Vampir keineswegs den Schlaf der normalen Toten. Spätesten mit dem Auftakt der Romantik sollte sich dies offenbaren:

> Nun erobert er die fiktive Literatur und hält darin seine herausragende Stellung bis in unsere Gegenwart. Seine heutige Position kann er überdies durch die modernen Medien ausbauen, in denen er glänzt wie kein anderes Geschöpf der Nacht neben ihm, woraus ersichtlich wird, daß weder Aufklärung, noch Pflock und Scheiterhaufen dem Vampir ernsthaft schaden können![33]

---

[32] Vgl. Kroner, Michael: Dracula. Wahrheit, Mythos und Vampirgeschäft. Heilbronn: Johannis Reeg Verlag 2005. S. 64ff.
[33] Borrmann, Norbert: Vampirismus oder die Sehnsucht nach Unsterblichkeit. München: Diederichs 1998. S. 58.

3. Der literarische Ursprung des Vampirgenres

Das Vampirprinzip weist eine sehr umfassende Präsenz auf, was es durchaus erschwert, die fiktive Vampirliteratur vollständig zu überblicken. Es erscheint geradezu unmöglich präzise festzulegen, wann und wo sich das Vampirgenre entwickelt hat. Heutzutage wird die Vampirliteratur vorwiegend der phantastischen Literatur zugeordnet. Roger Caillois liefert eine überzeugende Definition zu dieser Kategorie:

> Im Phantastischen [...] offenbart sich das Übernatürliche wie ein Riß in dem universellen Zusammenhang. Das Wunder wird dort zu einer verbotenen Aggression, die bedrohlich wirkt und die Sicherheit einer Welt zerbricht, in der man bis dahin die Gesetze für allgültig und unverrückbar gehalten hat. Es ist das Unmögliche, das unerwartet in einer Welt auftaucht, aus der das Unmögliche per definitionem verbannt worden ist.[34]

Diese Definition ist hilfreich, wenn man sich der Vampirliteratur seit der Romantik nähern möchte, jedoch fehlt der Bezug zum Ursprung des Genres. Denn an seinem Anfang standen die Sage und der Mythos. Diese wurde bei ihrer Ausformung wohl kaum als Riss in der Wirklichkeit empfunden, sondern als durchaus real.

Erste Spuren des Vampirgenres ließen sich in fast allen alten Hochkulturen finden: In China sollen bereits 600 v. Chr. Vampirgeschichten erzählt worden sein und aus Indien sind die Abenteuer von König Vikram, der ein Vampir gewesen sein soll, überliefert. Die Sagen und Mythen, denen der Vampir entsprungen war, standen immer schon in enger Verbindung zu den heiligen Schriften der Völker.[35]

Die antike Dichtung nahm das Vampirmotiv in Form von blutsaugenden Striges, Lamien und Empusen, welche bereits in Kapitel 2.2. erläutert wurden, auf. So ist in den *Fasti* des Ovid (ca. 8 n. Chr.) von Striges die Rede, die den fünf Tage alten Königssohn von Alba überfielen. Und auch in Homers *Odyssee* (8. Jh. v. Chr.) soll im 11. Gesang Odysseus die Toten mit Blut aus ihrem Reich gelockt haben. Das Motiv des Revenants wurde wiederum von dem griechischen Schriftsteller Phlegon in einer Episode seines *Buches der Merkwürdigkeiten* (1. Jh. n. Chr.) aufgenommen, welche 1797 noch Einfluss auf Goethes *Braut von Korinth* nehmen sollte.[36]

In diesen frühen Dichtungen verbanden sich historische Erinnerungen mit neu erfundenen Elementen. Für die damals lebenden Menschen stellten jene Epen mit ihrer phantastisch

---

[34] Callois, Roger: Das Bild des Phantastischen. Vom Märchen bis zur Science Fiction. In: Phaïcon I. Almanach der phantastischen Literatur. Hrsg. von Rein A. Zondergeld. Frankfurt a.M.: Insel-Verlag 1974. S. 46.
[35] Vgl. Borrmann, Norbert: Vampirismus oder die Sehnsucht nach Unsterblichkeit. München: Diederichs 1998. S. 60.
[36] Vgl. Pütz, Susanne: Vampire und ihre Opfer. Der Blutsauger als literarische Figur. Bielefeld: Aisthesis 1992. S. 23.

erscheinenden Welt keine freie Dichtung dar, sondern verdichtete Realität. Bis zu einem gewissen Grad galt dies auch für die Märchen und Geschichten des Orients wie *Tausendundeine Nacht*. Bevor der abendländische Vampir in literarischer Form auftreten konnte, mussten erst zahlreiche Versuche unternommen werden, um das Phänomen mit Hilfe historischer Berichte wissenschaftlich zu erklären. Eine Ausnahme bildete hierbei der phantastisch-satirische Roman *L'autre monde, ou les États et Empires de la Lune* des französischen Schriftstellers Cyrano de Bergerac aus dem Jahre 1657. Darin herrschten auf dem Mond vampirische Sitten und einige Mondbewohner statteten der Erde als Lamien und Blutsauger einen Besuch ab.[37] Doch trotz dieser geringen Anzahl schriftlicher Zeugnisse war der Vampir in mündlich überlieferten Geschichten immerzu präsent. Die Völker Europas erzählten sich über Jahrhunderte hinweg Sagen von Nachtalpen, wiederkehrenden Gatten oder nachzehrenden Toten. Auf diesen Sagenkreis griffen einige Dichter des 19. Jahrhunderts zurück. So zum Beispiel Prosper Mérimée in seiner Gedichtsammlung *La Guzla* (1827).[38]

---

[37] Vgl. Bergerac, Cyrano de: Die Reise zu den Mondstaaten und Sonnenreichen. Zwei klassische Science-fiction-Romane. (Aus dem Frz. übers. v. Martha Schimper) München: Heyne 1986 (= Heyne-Bücher: 06, Heyne Science Fiction & Fantasy: Bibliothek der Science-fiction-Literatur 56).

[38] Vgl. Borrmann, Norbert: Vampirismus oder die Sehnsucht nach Unsterblichkeit. München: Diederichs 1998. S. 61.

4. Die Behandlung des Vampirstoffs im Zeitalter der Aufklärung

Die vermeintlichen Vampirepidemien des 18. Jahrhunderts lösten zwar eine Flut an wissenschaftlichen Schriften aus, doch schenkte die Belletristik dem Thema keinerlei Beachtung. Stefan Hock schrieb in seinem Werk *Die Vampyrsagen und ihre Verwertung in der Literatur*, dass die Dichtung völlig teilnahmslos blieb, während „die gelehrte Literatur über die wunderbaren Dinge ins Ungeheure wuchs."[39] Die Kunsttheorie versuchte den Stoff des Wunderbaren aus der Literatur zu verbannen. Demnach entsprach es dem idealistischen Charakter der damaligen Poesie einfach nicht, den Zeitgeist zu besingen. Der zeit- und weltfremde Roman *Insel Felsenburg* (1731-1743) Johann Gottfried Schnabels führte den Leser in weite Ferne, um dort das irdische Paradies zu suchen und stellte gleichzeitig eine Kritik an den Zuständen in Europa dar. Aber auch der ersten Kunstrichtung des Jahrhunderts, dem bürgerlichen Trauerspiel, welche sich mit dem Zeitgeist beschäftigte, lag eine Behandlung jenes Stoffes fern. Hinzu kam, dass seit 1755 selbst das Interesse an der Vampirsage abnahm und so ging die Dichtung im Zeitalter der Aufklärung achtlos am Vampirstoff vorüber.[40] Lediglich das anakreontische Vampirgedicht Heinrich August Ossenfelders aus dem Jahre 1748 bildete als fiktionaler Text, der auf die Vampirberichte reagierte, die Ausnahme (siehe Abbildung 4). Dieses Werk repräsentiert laut Hock die Unfähigkeit der Dichtung des 18. Jahrhunderts, den Vampirstoff sinnvoll zu bearbeiten, da das Dämonische sofort eine Entmystifizierung erfuhr und der allgemeinen Mode angepasst wurde. Der Wissenschaftsjournalist Christlob Mylius hatte die Gepflogenheit, in seiner Zeitschrift *Der Naturforscher*

> Der Vampir.
>
> Mein liebes Mägdchen glaubet
> Beständig steif und feste,
> An die gegebnen Lehren
> Der immer frommen Mutter;
> Als Völker an der Theyse
> An tödtliche Vampiere
> Heyduckisch feste glauben.
> Nun warte nur Christianchen,
> Du willst mich gar nicht lieben;
> Ich will mich an dir rächen,
> Und heute in Tockayer
> Zu einen Vampir trinken.
> Und wenn du sanfte schlummerst,
> Von deinen schönen Wangen
> Den frischen Purpur saugen.
> Alsdenn wirst du erschrecken,
> Wenn ich dich werde küssen
> Und als ein Vampir küssen:
> Wann du dann recht erzitterst
> Und matt in meine Arme,
> Gleich einer Todten sinkest
> Alsdenn will ich dich fragen,
> Sind meine Lehren besser,
> Als deiner guten Mutter?

Abb. 4 **Heinrich August Ossenfelder: Der Vampyr, 1748.**
Quelle: Der Naturforscher. Achtundvierzigstes Stück. 1748. S. 380f.

den naturwissenschaftlichen Abhandlungen Gedichte beizufügen, welche den entsprechen-

---

[39] Hock, Stefan: Die Vampyrsagen und ihre Verwertung in der deutschen Literatur. Berlin: Alexander Duncker 1900 (= Forschungen zur neueren Literaturgeschichte 17). S. 64.
[40] Vgl. Ebd.

den Stoff behandelten. Nachdem er im 48. Stück des Jahres 1748 über Vampire berichtete, ließ er das Gedicht von Heinrich August Ossenfelder folgen, dass dieser offenbar auf seinen Wunsch hin verfasst hatte.[41]

Susanne Pütz begründet das fehlende Interesse der Literaten am Vampirstoff gleichfalls mit dem historisch ungünstigen Zeitpunkt, in dem der Vampir in das Bewusstsein der Menschen Westeuropas drang. In der ersten Hälfte des 18. Jahrhunderts war die Dichtung Englands, Frankreichs und Deutschlands von einer rationalistischen Geisteshaltung geprägt, die sich in einem starken Glauben an unbegrenzte Möglichkeiten vernunftgelenkten Denkens äußerte. Die Kunst sollte der sittlichen Erziehung und intellektuellen Fortbildung dienen, was sich in zahlreichen Lehrgedichten von Alexander Pope, James Thompson, Barthold H. Brockes oder Ewald von Kleist niederschlug. Elemente irrationaler Natur, wie Phänomene des Okkultismus, erfuhren zwar eine rationalistische Kritik, konnten jedoch nicht zu einem genuin literarischen Thema avancieren.[42]

Somit bleibt es ein auffälliges Faktum, dass die Literatur der Aufklärung dem Vampir gegenüber indifferent blieb:

> Zu wenig dürfte sich der lebende Tote mit dem aufklärerischen Ästhetik-Kanon schöner, vernünftiger und nützlicher Texte getroffen haben, als daß sich dieser Randgang literarisch gelohnt hätte. Es bedurfte offensichtlich erst der Etablierung eines Marktes für (phantastische) Unterhaltungsliteratur im späteren 18. Jahrhundert sowie eines romantischen Zeitgeistes, um dem marginalisierten Vampirismus als Thema bzw. Motivtableau eine steile Konjunktur in den europäischen Literaturen zu bescheren.[43]

---

[41] Vgl. Hock, Stefan: Die Vampyrsagen und ihre Verwertung in der deutschen Literatur. Berlin: Alexander Duncker 1900 (= Forschungen zur neueren Literaturgeschichte 17). S. 64f.
[42] Vgl. Pütz, Susanne: Vampire und ihre Opfer. Der Blutsauger als literarische Figur. Bielefeld: Aisthesis 1992. S. 24.
[43] Ruthner, Clemens: Untote Verzahnungen. Prolegomena zu einer Literaturgeschichte des Vampirismus. In: Poetische Wiedergänger. Deutschsprachige Vampirismus-Diskurse vom Mittelalter bis zur Gegenwart. Hrsg. von Julia Bertschik u. Christa Agnes Tuczay. Tübingen: Francke 2005. S. 22.

5. Die Romantik als Blütezeit des Vampirs

5.1 Die Schwarze Romantik und ihre Schauerliteratur

Die Romantik bildete eine Hauptströmung der europäischen Kulturgeschichte für die Zeit von ca. 1795 bis zur Mitte des 19. Jahrhunderts und bezeichnete eine Haltung der Idealisierung und Vermittlung, die Grenzen zwischen Traum und Wirklichkeit verwischte und sich von realistischen und klassizistischen Tendenzen abgrenzte. Die Autoren der romantischen Strömung befassten sich mit einer Poetik des Phantastischen und einer Theorie der Imagination, die es durchaus von aufklärerischen Mimesis-Konzepten, wie sie bei Naturnachahmungen vorkamen, zu unterscheiden galt.[44]

Das Zeitalter der Aufklärung bedachte jede Ausprägung traditionellen Aberglaubens mit Kritik und Spott. Doch diese Haltung änderte sich mit dem Beginn der Romantik:

> Mit der Zivilisationskritik gegen Ende des 18. Jahrhunderts entdeckten die Gelehrten aber das Ideal des einfachen Menschen. In Volksgeist und Volkspoesie fanden die Romantiker die Magie und Mystik des alten Aberglaubens wieder. [...] Aberglaube war nicht länger ein Verstoß gegen das erste Gebot und auch nicht ein der Vernunft und dem Fortschritt widerstrebender Glauben, sondern Ausdruck der Volkspoesie und damit eines Naturzustandes der Unschuld.[45]

Der Vampir als zentrales Element des Volksglaubens konnte in der Literatur neben anderen Fabelwesen und phantastischen Motiven der sogenannten *Schwarzen Romantik* zugeordnet werden. In dieser Unterströmung der Romantik, die auch gleichzeitig Subgenre der phantastischen Literatur darstellte, tauchten vermehrt schaurige, böse oder dämonische Charaktere auf. Der blutdürstende Revenant bildete ein spektakuläres Instrument, um die Schattenseiten der menschlichen Psyche aufzuzeigen. Gero von Wilpert definiert die Schwarze Romantik als Schauerromantik und irrationale Tendenz der Romantik zum Phantastisch-Abseitigen, Unheimlich-Gespenstischen, und Dämonisch-Grotesken, sowie als Ausdruck von Ängsten, Träumen und Wahnvorstellungen in Schauerromanen und Gespenstergeschichten.[46]

Die Schwarze Romantik war eng mit dem englischen Terminus der Gothic novel verbunden, welche dem deutschen Schauerroman entspricht. Allein zwischen 1790 und 1820 er-

---

[44] Vgl. [Art.] Romantik. In: Reallexikon der deutschen Literaturwissenschaft. Neubearbeitung des Reallexikons der deutschen Literaturgeschichte. Band III. Hrsg. von Jan-Dirk Müller. Berlin/ New York: de Gruyter 2007. S. 326f.
[45] Vieregge, André: Nachtseiten. Die Literatur der Schwarzen Romantik. Frankfurt a.M. [u.a.]: Lang 2008 (= Europäische Hochschulschriften, Deutsche Sprache und Literatur, Reihe 1). S. 298.
[46] Vgl. [Art.] Schwarze Romantik. In: Von Wilpert, Gero: Sachwörterbuch der Literatur. 8. verbesserte und erweiterte Auflage. Stuttgart: Kröner 2001. S. 743.

schienen über 300 Romane dieser Gattung.[47] Der Schauerroman gestaltete das fiktional dargestellte Übernatürliche – wie allgemein die phantastische Literatur – als unerwarteten Einbruch in eine als erklärbar eingeschätzte Wirklichkeit. Dabei interessierte das Übernatürliche nicht per se, sondern vorrangig in seiner Wirkung auf die Psyche der dargestellten Figuren sowie der Leser. Die Erzählstrategie war meist bestimmt durch Ich-Erzählungen und zielte somit auf die emotionale Identifikation des Lesers mit dem Protagonisten des Romans und auf ein Miterleben der Angst und des Grauens ab, was jedoch zugleich als lustvolle Erfahrung empfunden werden sollte.[48] Die Schauerliteratur bediente sich demnach besonders stark an Elementen des Unheimlichen und einer Psychologie des Grauens. Als Vertreter der Schwarzen Romantik gelten Marquis de Sade, Charles Baudelaire, Edgar Allan Poe, Ludwig Tieck und Lord Byron.

Zwar war die prägende Zeit der Schwarzen Romantik mit ihrer Schauerliteratur in den Jahrzehnten um 1800 angesiedelt, doch ihre Auswüchse blieben bis ins 21. Jahrhundert hinein erhalten. Moderne Horror-Autoren erkannten das Verlangen des Publikums nach dem Unheimlichen und Geheimnisvollen und führten damit das Erbe der Romantik fort. Beispielsweise stellt das umfangreiche Roman- und Kurzgeschichtenwerk Stephen Kings eine sehr erfolgreiche Erscheinungsform moderner Schwarzer Romantik dar.

5.2 Das Vampirmotiv in der Epoche der Romantik

Erst auf der Schwelle zum 19. Jahrhundert, nachdem der Vampir als Gestalt slawischer Volksmythen für die Wissenschaft belanglos wurde, entwickelten die Literaten und Schriftsteller ein Interesse an der Figur des Wiedergängers. Themen wie unstillbare Todessehnsucht, Verschmelzung von Wollust und Grausamkeit gehörten neben der Mythisierung des Bösen zu der nun anbrechenden Epoche der Romantik, genauer zu der bereits angesprochenen Schwarzen Romantik.

Die Aufnahme des Vampirstoffs wurde durch das große Interesse der englischen Leserschaft an Gespenstergeschichten Ende des 18. Jahrhunderts erheblich erleichtert. Es setzte eine Flut von Gothic novels ein, welche das unbändige Interesse am Motiv der Angst stillen sollten, indem sie den ehemals realen Schrecken durch literarischen Schauer ersetzten. Die Sensibilisierung für die Vampirgestalt schlug sich zunächst nicht nur in der englischen,

---

[47] Vgl. Kroner, Michael: Dracula. Wahrheit, Mythos und Vampirgeschäft. Heilbronn: Johannis Reeg Verlag 2005. S. 66.
[48] Vgl. [Art.] Schauerroman. In: Reallexikon der deutschen Literaturwissenschaft. Neubearbeitung des Reallexikons der deutschen Literaturgeschichte. Band III. Hrsg. von Jan-Dirk Müller. Berlin/ New York: de Gruyter 2007. S. 366.

sondern auch in der deutschen Lyrik nieder. Johann Wolfgang von Goethe veröffentlichte 1797 sein „Vampyrisches Gedicht"[49] *Die Braut von Korinth*, welches noch eingehend hinsichtlich der Vampirthematik untersucht werden soll. Es soll jedoch bereits an dieser Stelle erwähnt werden, dass diese Ballade das erste Werk nach Ossenfelders Gedicht *Der Vampyr* darstellt, das das Sujet überhaupt wieder aufgreift und das in Form eines Sympathie erheischenden weiblichen Wiedergängers, der furcht- und ekelerregende Momente des slawischen Volksglaubens in Vergessenheit geraten lässt. Im gleichen Jahr erschienen Novalis *Hymnen an die Nacht*, in denen ebenfalls vampirhafte Züge vorkommen. In England wendete sich zu dieser Zeit Robert Southey in seiner Erzählung *Thalaba the Destroyer* erstmals dem Stoff zu, indem Oneiza, die verstorbene Geliebte der Titelgestalt, als Blutsaugerin ihrem Grab entsteigt. Ebenfalls 1797 begann Samuel T. Coleridge mit der nie vollendeten Ballade *Christabel*, deren rätselhafte Figur der Geraldine vampirhafte Züge trägt. Des Weiteren lässt sich als bekannter englischer Autor George Byron nennen, der sich 1813 in seinem Epos *The Giaour, a Fragment of a Turkish Tale* mit dem Sujet auseinandersetzte.[50]

Im Jahre 1819 erschien *The Vampyre*, verfasst von William Polidori, dem ehemaligen Leibarzt und Sekretär Lord Byrons, welcher geraume Zeit fälschlicherweise für den Autor dieser Erzählung gehalten wurde. Dieser Vampirroman entstand unter den faszinierenden Umständen eines Literatentreffens am Genfer See, die bei der Untersuchung zu Polidoris Werk eingehender dargestellt werden sollen. Auch Mary Wollstonecraft Shelley wohnte diesem Ereignis bei und entwarf während des Schweizer Aufenthalts das Konzept für ihren später weltbekannten Schauerroman *Frankenstein or the modern Prometheus* (1818).[51] Charles Robert Maturins gotischer Roman *Melmoth the Wanderer* von 1820 enthält ebenfalls vampirische Motive. Melmoth ist dazu verdammt 150 Jahre durch die Welt zu irren, um eine Seele in Not zu finden, welche bereit ist, sein Schicksal auf sich zu nehmen, um den Bann zu brechen, der auf dem Protagonisten liegt. Doch er findet keinen so verzweifelten Menschen, der für ihn seine Seele dem Teufel verpfänden würde. Einzig die Liebe zu dem Mädchen Immalee könnte ihn erlösen, doch seine Erlösung bedeutet ihr Verderben.[52]

---

[49] Goethe ueber seine Dichtungen. Versuch einer Sammlung aller Aeusserungen des Dichters ueber seine poetischen Werke. Theil 3: Die lyrischen Dichtungen. Band 1. Hrsg. von Hans Gerhard Gräf. Frankfurt a. M.: Rütten & Loening 1912. S. 274f.
[50] Vgl. Pütz, Susanne: Vampire und ihre Opfer. Der Blutsauger als literarische Figur. Bielefeld: Aisthesis 1992. S. 24ff.
[51] Vgl. Ruthner, Clemens: Untote Verzahnungen. Prolegomena zu einer Literaturgeschichte des Vampirismus. In: Poetische Wiedergänger. Deutschsprachige Vampirismus-Diskurse vom Mittelalter bis zur Gegenwart. Hrsg. von Julia Bertschik u. Christa Agnes Tuczay. Tübingen: Francke 2005. S. 24f.
[52] Vgl. Maturin, Charles Robert: Melmoth der Wanderer. Roman. (Aus dem Engl. übers. v. Friedrich Polakovics). München: Hanser 1969 (= Bibliotheka Dracula).

Maturins Hauptfigur zeigt die ganze Zerrissenheit eines spirituellen Vampirs, der in seinem seelischen Zwiespalt von Trauer, Überdruss, Demut und Hochmut gefangen ist. Sein Roman ist eine dunkle Allegorie auf das menschliche Dasein. Der Mensch wird hinausgeworfen in eine Welt, die er nicht kennt und nach der er dennoch giert. Maturin zeigt dem Leser wie diese Lebensgier zur Verdammnis führen kann. Diese Thematik ist laut Norbert Borrmann eng mit der Vampirmotivik verbunden und zeigt auf, weshalb die Romantiker mit ihrer Vorliebe für die menschlichen Schattenseiten gerade von der Figur des Vampirs fasziniert waren.[53]

Abb. 5 **Titelblatt zu Varney the Vampire or the Feast of Blood.**
Quelle: Skal, David J.: Hollywood gothic. 1990. S. 14.

Nachdem sich in den 30er Jahren des 19. Jahrhunderts die erste Begeisterungswelle für die neu entdeckte Gestalt des Revenants ein wenig legte, schien die einst mysteriöse Erscheinung des slawischen Volksglaubens endgültig als plakativ genutztes Schauerelement in den Unterhaltungsbereich hinabzusinken und für eine variierende und seriöse Behandlung verloren zu sein. Zwischen 1830 und 1870 bemächtigte sich nicht nur das Vaudeville[54] und der Volkszirkus des Vampirs, sondern auch zahlreiche Roman-Feuilletons oder penny-dreadfuls, die man auch als Groschenromane bezeichnet. Als das erfolgreichste Werk dieser Populärliteratur gilt *Varney the Vampire or the Feast of Blood* von James Malcom Rymer (siehe Abbildung 5), das zwei Jahre lang als Fortsetzungsroman wöchentlich erschien und 1847 bereits über 800 Seiten umfasste.[55] In diesem Werk kommt das gesamte Repertoire der literarischen „Vampirologie" zur vollen Entfaltung:

---

[53] Vgl. Borrmann, Norbert: Vampirismus oder die Sehnsucht nach Unsterblichkeit. München: Diederichs 1998. S. 64f.
[54] Das Vaudeville beschreibt ein Pariser Theatergenre mit Gesang und Instrumentalbegleitung, das sich Mitte des 19. Jahrhunderts großer Beliebtheit erfreute. Die Vorführungen waren entweder melodramatisch oder possenhaft gefärbt. Vgl. [Art.] Vaudeville. In: Meyers Konversations-Lexikon. Eine Encyclopädie des allgemeinen Wissens. Band 16: Uralsk – Zz. 4. Auflage. Leipzig: Verlag des Bibliographischen Instituts 1888. S. 62.
[55] Vgl. Pütz, Susanne: Vampire und ihre Opfer. Der Blutsauger als literarische Figur. Bielefeld: Aisthesis 1992. S. 28.

> Düstere Friedhofsszenen, aufgebrochene Gräber, fahle Mondlichte, stickige Gruftgewölbe, schrille Entsetzens-schreie, schmatzende Blutsauger. Der Untertitel ‚Das Blutfest' bekräftigt jene reißerischen Scheußlichkeiten noch. Dazu kamen Zeichnungen, die in geschickter Weise Horror und Sexualität kombinierten und damit einem breiten Publikum den Vampir vorführten.[56]

Die um 1800 begonnene Entwicklung des Vampirmotivs wurde besonders von renommierten Autoren aus Frankreich, England, Deutschland und Russland fortgeführt. So können etwa die französischen Schriftsteller Théophile Gautier mit *La Morte amoureuse* (dt. *Die liebende Tote*) von 1836 und Guy de Maupassant mit *Le Horla* aus dem Jahre 1887 angeführt werden, die das Sujet auf unterschiedlichste Art und Weise verarbeiteten.[57]

Gautiers Werk erzählt beispielsweise die tragische Geschichte des jungen Priesters Romuald, der sich in die Kurtisane Clarimonde verliebt. Diese kehrt, nachdem sie starb, als Untote in die Arme ihres geliebten Romualds zurück, um in bescheidenen Mengen sein Blut zu trinken. Nach jahrelangem Doppelleben, bei welchem der Priester tagsüber sein Amt ausführt und sich des Nachts seiner leidenschaftlichen und blutgierigen Geliebten hingibt, erfährt ein frommer Abbé von der Sache. Dieser führt den widerstrebenden Romuald zu Clarimondes Gruft und vernichtet die untote Wiedergängerin endgültig mit Weihwasser.[58]

Abb. 6 **Der Horla.**
Quelle: Maupassant, Guy de: Der Horla. 1989. S. 41.

Maupassants Novelle *Le Horla* stellt im Gegensatz zu Gautiers Werk keine Vampirgeschichte im klassischen Sinne dar. Vielmehr wird in seiner Erzählung die Frage nach Wahnsinn und Wirklichkeit behandelt, jedoch nicht ohne den Mythos des Vampirs heranzuziehen. Ein einst lebenslustiger Mann beobachtet ein Schiff aus Südamerika. Von da an ändert sich alles, seine Lebenskraft wird ihm nach und nach genommen und ein unsichtbares Wesen – der Horla (siehe Abbildung 6) – scheint die Kontrolle über ihn zu übernehmen. Der Mann verfällt dem Wahnsinn und versucht den

---

[56] Meurer, Hans: Vampire. Die Engel der Finsternis. Der dunkle Mythos von Blut, Lust und Tod. Freiburg i. Brsg.: Eulen-Verlag 2001. S. 58.
[57] Vgl. Pütz, Susanne: Vampire und ihre Opfer. Der Blutsauger als literarische Figur. Bielefeld: Aisthesis 1992. S. 28.
[58] Vgl. [Art.] Gautier, Théohile. In: Bunson, Matthew: Das Buch der Vampire. Von Dracula, Untoten und anderen Fürsten der Finsternis. Ein Lexikon. München: Heyne 2001. S. 107f.

Inkubus zu töten. Doch dabei sind die zunehmende Verrücktheit des Ich-Erzählers und die Realität seines Schreckens keinesfalls voneinander zu trennen.[59]

Auch der französische Literat und Vertreter der Dekadenzdichtung Charles Baudelaire verarbeitete in seiner Gedichtsammlung *Les Fleurs du Mal* (1857) in den Gedichten *Le Vampire* und *Les Métamorphoses du Vampire* das Motiv des Revenants. Doch seine Auflage wurde beschlagnahmt und sechs für obszön befundene Dichtungen, darunter die Vampirgedichte, durften vorerst nicht veröffentlicht werden.[60]

Neben dem bekannten Lord Byron, trat besonders der Brite Sheridan Le Fanu mit seiner spätromantischen Novelle *Carmilla* aus dem Jahre 1872 hervor. Darin behandelte er in dezenter Weise, jedoch zur damaligen Zeit von vielen als kühn empfunden, das Thema der weiblichen Homosexualität und prägte mit seiner adligen Untoten spätere feminine Vampirfiguren. Dieses Werk nahm maßgeblichen Einfluss auf den wohl bekanntesten Vampirroman – Bram Stokers *Dracula* (1897). Bezüglich der verschiedenen sexuellen Bedeutungsinhalte des Motivs bestehen einige Parallelen zwischen den beiden Frauen Carmilla und Lucy Westenra. Die beiden Hauptfiguren können als Synonym für die jeweiligen Spielarten des Vampirs betrachtet werden: „Carmilla als lesbische Vampirin, [und] Dracula als heterosexueller Blutsauger."[61] Susanne Pütz hält jedoch fest, dass *Carmilla* im Vergleich zu *Dracula* eine weitaus differenziertere Auseinandersetzung mit der sexualpsychologischen Dimension liefert.[62]

Neben Goethe und Novalis gab es auch weitere deutsche Literaten der Romantik, welche vampirische Motive in ihren Werken verarbeitet haben. Der erste deutsche Vampirroman (*Der Vampir*) wurde bereits 1801 von dem Erfurter Schriftsteller Ignaz Ferdinand Arnold in drei Bänden veröffentlicht, blieb jedoch nicht erhalten.[63]

Lyrische Werke lieferten beispielsweise Gottfried August Bürger mit *Lenore* (1773) und Heinrich Heine mit seinen Gedichten *Helena* und *Die Beschwörung* (in: *Neue Gedichte* 1844). Karl Spindler veröffentlichte 1826 seine Geschichte *Der Vampyr und seine Braut*

---

[59] Vgl. Maupassant, Guy de: Der Horla. Zehn Novellen. (Aus dem Frz. übers. v. Christel Gersch). Berlin: Rütten & Loening 1989. S. 5-45.
[60] Vgl. [Art.] Baudelaire, Charles. In: Bunson, Matthew: Das Buch der Vampire. Von Dracula, Untoten und anderen Fürsten der Finsternis. Ein Lexikon. München: Heyne 2001. S. 24.
[61] Claes, Oliver: Fremde. Vampire: Sexualität, Tod und Kunst bei Elfriede Jelinek und Adolf Muschg. Bielefeld: Aisthesis 1994. S. 21.
[62] Vgl. Pütz, Susanne: Vampire und ihre Opfer. Der Blutsauger als literarische Figur. Bielefeld: Aisthesis 1992. S. 101f.
[63] Vgl. Rassmann, Friedrich: Literarisches Handwörterbuch der verstorbenen deutschen Dichter und zur schönen Literatur gehörenden Schriftsteller in acht Zeitabschnitten, von 1137 bis 1824. Leipzig: Lauffer 1826. S. 366.

und Edwin Bauer lieferte den Vampirroman *Der Baron Vampyr* (1846), der unverkennbar von Polidoris Erzählung *Der Vampyr* beeinflusst wurde.[64]

E.T.A. Hoffmanns Erzählsammlung *Die Serapionsbrüder* (1819-1821) wird ebenfalls mit dem Begriff des Vampirismus assoziiert. In einem metapoetischen Gespräch der Serapionsbrüder kommen sie auf Michael Ranfts *Traktat von dem Kauen und Schmatzen der Toten in Gräbern* zu sprechen und merken an, dass diese Kreaturen oft nicht in eigener Gestalt erscheinen. Der Vampir kann als Sinnbild und Formierung des Unbewussten auftreten. Auch wenn vampirische Erregungskünste am Werk sind, so muss sich nicht immer ein Blutsauger zeigen. Dies würde bedeuten, der Vampirismus interessiert in der Literatur weniger als Stoff per se, sondern vielmehr als poetologisches Prinzip.[65]

Daran anknüpfend war auch die Forschung der Ansicht, ähnlich wie die Serapionsbrüder, dass sich die deutsche Romantik

> des Vampirmotivs kaum oder nur in verschlüsselter und sublimierter Weise angenommen [habe]. Hin und wieder bekommen ihre magischen Statuen, ihre unheimlichen oder jenseitig verklärten Frauengestalten vampirische Züge. [...] Das Motiv wird benutzt, das Thema nur sachte angeschlagen, um einen Moment, eine Beziehung zu signalisieren.[66]

Zum größten Teil fielen die literarischen Bearbeitungen des Vampirstoffs in die 20er und 30er Jahre des 19. Jahrhunderts. Da besonders die englischen und französischen Tochterschulen die romantischen Prinzipien weit verbreiteten, stellte dies wohl die siegreichste Zeit dieser Epoche dar. Allerdings wird anhand einiger genannter Werke ersichtlich, dass auch deutsche Schriftsteller ihr Interesse auf den Vampirmythos verwendeten. Die Vampirsagen kannten sie wohl aus historischen Berichten oder laut Stefan Hock von Wanderungen auf der Balkaninsel und verarbeiteten sie gegebenenfalls als kulturhistorisches Moment in ihren Romanen und Reisenovellen.[67]

In Russland, einem der Ursprungsländer des Vampirglaubens, entstanden erst in den 40er Jahren des 19. Jahrhunderts Geschichten über blutlüsterne Revenants. Wie zum Beispiel die beiden Novellen *Upyr* (1841) und *La Famille du Vourdalak* (1847) von Alexej K. Tolstoi, welcher neben Goethe und Polidori hinsichtlich seines vampirhaften Sujets ebenfalls noch eine eingehende Betrachtung und Analyse erfahren soll. Neben Tolstoi lieferten auch

---

[64] Vgl. Bunson, Matthew: Das Buch der Vampire. Von Dracula, Untoten und anderen Fürsten der Finsternis. Ein Lexikon. München: Heyne 2001. S. 25.
[65] Vgl. Herrmann, Britta: Buchstaben sind Vampire. Zur Poetik des Untoten (Herder, Hoffmann, Eichendorff). In: Dracula unbound. Kulturwissenschaftliche Lektüren des Vampirs. Hrsg. v. Christian Begemann, Britta Herrmann, Harald Neumeyer. Freiburg i. Br. [u.a.]: Rombach 2008 (= Rombach-Wissenschaften, Reihe Litterae, Bd. 163) S. 146ff.
[66] Von denen Vampiren oder Menschensaugern. Dichtungen und Dokumente. Hrsg. von Dieter Sturm u. Klaus Völker. Frankfurt a.M.: Suhrkamp 2003 (– Phantastische Bibliothek, Band 306). S. 561.
[67] Vgl. Hock, Stefan: Die Vampyrsagen und ihre Verwertung in der deutschen Literatur. Berlin: Duncker 1900 (= Forschungen zur neueren Literaturgeschichte 17). S. 127.

Iwan S. Turgenjew mit *Prizraki* (1864) und Nikolaj V. Gogol mit *Der Vij* (1835) vampirhafte Erzählungen, die von vampirähnlichen Wesen oder von vermeintlichen Vampiren handelten.[68]

Die Romantik enthob den Vampir den historischen Quellen sowie Volkssagen und platzierte ihn stattdessen in der schöngeistigen Literatur. Doch worin begründete sich diese freundliche Aufnahme des kontroversen Stoffes genau?

> So ist die romantische Schule vorbereitet zur Aufnahme des Vampyrs. Ihre Vorliebe für die ‚Nachtseiten' der menschlichen Natur, die leichter zu konstatieren als in völlig befriedigender Weise psychologisch zu erklären ist, hat sie auf sexuell Perverses, auf Totenliebe und wollüstige Grausamkeit gewiesen; ihre Liebe findet in der Zerstörung des Individuums Befriedigung, sie geht auf im All. Und wie ihr blutschänderische Liebe ein willkommenes Problem, Hermaphroditismus ein nicht als krankhaft abzulehnendes Motiv war, so musste für sie auch der Vampyr, der Tote, der liebt und tötet, als ein poetischer Vorwurf gelten.[69]

Das Vampirmotiv der Schwarzen Romantik musste sich als Bestandteil der Literatur immer wieder gegen einen damit verbundenen Kunstanspruch behaupten. Stefan Hock zeigt dies in seiner Dissertation zum Vampirmotiv, indem er den Weg des Vampirstoffs aus dem nicht-künstlerischen Bereich von „Jahrmarktsbuden und Marionettentheatern, [und aus] Kolportageromanen und Bänkelgesängen"[70] hin zur Sphäre der hohen Literatur beschreibt. Nur durch die besondere Leistung einzelner Dichter der Romantik konnte sich der Vampirstoff in der Literatur etablieren. Blieben diese Leistungen jedoch aus, würde die künstlerische Behandlung des Stoffes wieder absinken. Demzufolge verfügte der Stoff kaum über ein poetisches Potential, dieses wurde ihm erst durch seine Bearbeiter gegeben.

> Aber der Dichtung blieb der rohe, allzu naheliegende Stoff fremd, nur Goethe hat einsam und gewaltig seine ‚Braut von Korinth' daraus geschaffen. Einer neuen Zeit, die von jenen sensationellen Ereignissen nur spärliche Kunde erhielt, war es vorbehalten, poetischen Ausdruck für die Nachtseiten der Natur und so auch für diesen entsetzlichen Stoff zu finden.[71]

Hock erklärt das Auftreten des Vampirmotivs in der Literatur der Romantik also mit der günstigen Zeit der Poesie und Mystik und einer eher ungünstigen prosaischen Zeit politischer Unruhe.[72]

Klaus Völker und Dieter Sturm kamen 1968 in ihrer Anthologie zu den Vampiren, in welcher sie literarische Texte und historische Dokumente zum Vampirismus sammelten, zu gegenteiligen Ergebnissen. Die für Stefan Hock dem Vampirmotiv abträgliche politische

---

[68] Vgl. Pütz, Susanne: Vampire und ihre Opfer. Der Blutsauger als literarische Figur. Bielefeld: Aisthesis 1992. S. 29.
[69] Hock, Stefan: Die Vampyrsagen und ihre Verwertung in der deutschen Literatur. Berlin: Duncker 1900 (= Forschungen zur neueren Literaturgeschichte 17). S. 88.
[70] Ebd. S. 63.
[71] Ebd. S. 132.
[72] Vgl. Ebd. S. 133.

Situation diente Völker und Sturm als entscheidender Erklärungsansatz für die Welle von Vampiren in der Literatur der Romantik. Sie verstanden die „Schreckensliteratur [dieser Zeit] in Europa hauptsächlich [als] Ausdruck der politischen Resignation"[73] der Schriftsteller. Es handelte sich um eine Resignation über die Restauration in Europa und über die Dialektik der Aufklärung. Das Licht der Aufklärung sollte für sie nicht das Ende der Dunkelheit, sondern auch der Schoß neuer Schrecken sein.

> Die Schriftsteller antworten mit Vampiren und anderen Schreckensfiguren. Für die Literatur wurden die Vampire erst wichtig zu einer Zeit, in der sie für die Philosophie und Theologie längst indiskutabel geworden sind.[74]

Der behauptete Zusammenhang der politischen Lage mit dem Erwachen der literarischen Vampire zu dieser Zeit kann außerdem mit der Situation um 1968 belegt werden. Zu diesem Zeitpunkt gesellschaftlicher Veränderungen erschien eine Fülle von Verfilmungen und Neuveröffentlichungen von alten Texten mit vampirischem Inhalt. Das Vampirmotiv verfiel der ideologiekritischen Verdammnis vor dem Hintergrund der gesellschafts-kritischen Position dieser Zeit. Die Bedeutung des Motivs und mit ihm verbundene Ängste und Sehnsüchte ließen es als Reaktion auf Restauration und gesellschaftlichen Stillstand verstehen. Es eignete sich, um die Brüche einer statischen gesellschaftlichen Lage sichtbar werden zu lassen. Die Verarbeitung des Vampirmythos und seine Ästhetisierung dienten demnach, angesichts gesellschaftlicher Unruhen und sozialer Ausbeutung, dazu, das Volk zu beruhigen und ihm Trost zu spenden.[75]

Doch Winfried Freund meint hierzu, dass der Ansatz, das Motiv für anachronistisch zu erklären und auf die Bedeutung festzulegen, bloß noch Ausdruck sozialer Ängste der bürgerlichen Gesellschaft Ende des 19. Jahrhunderts zu sein, nicht weiter führe.[76] Denn solch ein einseitiger Ansatz würde der Dynamik der Entwicklung von Literatur mit vampirischen Motiven und der Mehrdimensionalität des Sujets nicht gerecht.

5.3 Die Darstellung der literarischen Vampirfigur im 19. Jahrhundert

Die Literatur der Romantik lässt eine Loslösung vom archetypischen Muster des Vampirs innerhalb des Volksglaubens erkennen. Die konstitutiven Eigenschaften des Blutsaugens

---

[73] Von denen Vampiren oder Menschensaugern. Dichtungen und Dokumente. Hrsg. von Dieter Sturm u. Klaus Völker. Frankfurt a.M.: Suhrkamp 2003 (= Phantastische Bibliothek, Band 306). S. 506.
[74] Ebd. S. 505.
[75] Vgl. Claes, Oliver: Fremde. Vampire: Sexualität, Tod und Kunst bei Elfriede Jelinek und Adolf Muschg. Bielefeld: Aisthesis 1994. S. 23f.
[76] Vgl. Freund, Winfried: Der entzauberte Vampir. Zur parodistischen Rezeption des Grafen Dracula bei Hans Carl Artmann und Herbert Rosendorfer. In: Rezeptionspragmatik. Beiträge zur Praxis des Lesens. Hrsg. von Gerhard Köpf. München: Fink 1981 (= Unitaschenbücher; Bd. 1026). S. 135.

und Wiederkehrens von den Toten wurden zwar übernommen, ansonsten wurde jedoch ein ganz persönliches Porträt der jeweiligen phantastischen Figur angefertigt. Die differierende Darstellungsweise in der Literatur zeigt sich zunächst im äußeren Erscheinungsbild des Vampirs. In erster Linie zählen zu den wenigen spezifischen Charakteristika des Vampirwesens[77] die auffallend spitzen Zähne, welche sich deutlich von den blutroten Lippen abheben. Ferner gilt die augenfällige Blässe der Untoten nicht nur als weitere Besonderheit; sie versieht den Vampir außerdem mit dem Signum des Todes und offenbart ihn als widergöttliche Kreatur, da sein bloßes Dasein als blutleeres Geschöpf den von Gott gegebenen Naturgesetzen widerspricht. Die bleiche Farbe ist sehr häufig mit einer kühlen Haut gepaart, deren Berührung an Verstorbene erinnert. Laut Susanne Pütz entsprechen diese Kriterien nicht länger den abergläubischen Vorstellungen, sondern sind auf die Figur des *gothic villain*[78] zurückzuführen.[79]

In der Literatur des 19. Jahrhunderts sind die Vampire, von den genannten Standartattributen abgesehen, in verschiedenster Art und Weise gestaltet worden. Einige Erzählungen, wie beispielsweise Byrons Epos *The Giaour, a Fragment of a Turkish Tale*, betonen besonders die grauen- und ekelerregenden Elemente ihrer Erscheinung. Byrons Giaur ist mit derart monströsen Zügen ausgestattet, dass selbst artverwandte Wesen wie das Gespenst vor diesem Wiedergänger zurückschrecken:

> Von deinem besten Blut noch naß
> Soll triefen dein Zahn, deine Lippe so blaß;
> Dann wanke ins Grab, wo die Geister wohnen,
> Und rase mit Goulen und mit Dämonen,
> Bis selbst die Gespenster erbeben vor Grausen,
> Das mit so verfluchtem Unhold sie hausen![80]

Andere Blutsauger werden im Unterschied zur slawischen Vorlage als ausnehmend attraktive Wesen vorgestellt. In Polidoris Erzählung *The Vampyre* wird das Gesicht des männli-

---

[77] Selbst diese typischen Merkmale sind nicht in allen Texten zu finden. So bieten hier zum Beispiel *Le Horla* und *Upyr* Ausnahmen.
[78] Der *gothic villain* ist der Repräsentant eines zumeist adligen Melancholikers oder düsteren Höflings mit exzentrischer und dämonischer Lebensform, der gegen christliche Tugendpostulate protestiert und als Schurkencharakter wahrgenommen wird. Er tritt in männlicher Form auf und präsentiert den Vampir nicht allein als blutrünstiges Scheusal, sondern ebenso als charismatischen Einzelgänger. Er erschließt dem Leser eine Welt des Makabren und Grotesken und offenbart ihm die Schattenseiten der menschlichen Seele. Vgl. Brittnacher, Hans Richard: Ästhetik des Horrors. Gespenster, Vampire, Monster, Teufel und künstliche Menschen in der phantastischen Literatur. Frankfurt a.M.: Suhrkamp 1994 (= Suhrkamp-Taschenbuch 2397). S. 172.
[79] Vgl. Pütz, Susanne: Vampire und ihre Opfer. Der Blutsauger als literarische Figur. Bielefeld: Aisthesis 1992. S. 78.
[80] Byron, George Gordon: Der Giaur. (Aus dem Engl. übers. v. Friederike Friedmann). Leipzig: F.U. Brockhaus 1854. S. 39.

chen Revenants Lord Ruthen trotz der „totenbleichen Schattierung"[81] dennoch als schön beschrieben. Doch der vornehme Vampir in der Literatur wird nicht nur allein durch sein anziehendes Äußeres gekennzeichnet, sondern zumeist auch durch einen Adelsstand. Hans Richard Brittnacher behauptet, rund 70% aller literarischen Vampire seien Aristokraten und weitere 20% der Vampirerzählungen stellen den Blutsauger als arriviertes Mitglied gehobener Gesellschaftsschichten dar. Des Weiteren trete dem Distinktions-merkmal des Aristokratismus mitunter eine gewisse urbane Weltläufigkeit zur Seite – „der Vampir erscheint als geheimnisvoller Fremder aus slawischen oder überseeischen Provinzen und bezaubert teetrinkende Gesellschaften mit dem geheimnisvollen Charme seines Wesens."[82] Alexej K. Tolstoi schuf in *Upyr* einen Vampirtypus, der zwischen den genannten Momenten Ekel beziehungsweise Grauen und geheimnisvoller Schönheit angesiedelt ist. Die dort agierenden Vampire, welche eine freundlich aussehende Großmutter aus aristokratischem Hause und ihr Bekannter, der Staatsrat Telajew sind, bieten weder einen sonderlich abschreckenden noch einen besonders anziehenden Anblick. Stattdessen werden sie als unauffällige Personen porträtiert, die äußerlich kaum von anderen Figuren zu unterscheiden sind.[83]

Doch die blutgierigen Untoten sind nicht allein auf diese beiden Pole festgelegt, sie können durchaus weitere Besonderheiten aufweisen. So zeigt sich beispielsweise das mysteriöse Wesen Ellis in Iwan Turgenjews Erzählung *Prizraki* zunächst nur als halbdurchsichtiges, schleierhaftes Phantom. Erst von dem Augenblick an, an dem dieses seinem Opfer das Blut auszusaugen beginnt, gewinnt es an körperlicher Kontur:

> Ellis wendete sich ab [...]. Und da bemerkte ich zum ersten Male, daß sie nicht mehr durchsichtig war. Und auch ihr Gesicht schien Farbe bekommen zu haben, über der nebelgleichen Blässe spielte jetzt ein rosiger Hauch.[84]

In der sukzessiven Veränderung von Ellis' Erscheinungsbild ist der kausale Zusammenhang des Lebenssaftes – dem Blut – und der körperlichen Existenz bildhaft veranschaulicht.

---

[81] Polidori, John William: Der Vampyr. Eine Erzählung. (Aus dem Engl. übers. v. Heiko Postma). 2. Auflage. Hannover: jmb-Verlag 2011 (= Kabinett der Phantasten 8). S. 4.
[82] Brittnacher, Hans Richard: Ästhetik des Horrors. Gespenster, Vampire, Monster, Teufel und künstliche Menschen in der phantastischen Literatur. Frankfurt a.M.: Suhrkamp 1994 (= Suhrkamp-Taschenbuch 2397). S. 130.
[83] Vgl. Tolstoi, Alexej K.: Der Vampir. (Aus dem Russ. übers. v. Werner Creutziger). Berlin, Weimar: Aufbau-Verlag 1972 (= BB239).
[84] Turgenjew, Iwan: Gesammelte Werke. Hrsg. u aus dem Russ. übers. v. Johannes von Guenther. Band 5. Berlin: Aufbau-Verlag 1952. S. 249.

Bezüglich der optischen Gestaltung des imaginären Geschöpfs geht Maupassants Geschichte *Le Horla* sogar noch einen Schritt weiter. Dort bleibt das vampirhafte Geschöpf für das menschliche Auge vollkommen unsichtbar.[85]

Die fiktiven Revenants unterscheiden sich jedoch nicht allein im Aussehen, sondern auch in der Lebensweise von ihren slawischen Vorfahren. So ist etwa Sir Varney, das Ungeheuer in James M. Rymers Roman *Varney the Vampire or, the Feast of Blood*, nicht gezwungen, nur Nachts umherstreifen zu können und tagsüber in einem Sarg zu ruhen, sondern verträgt durchaus das Sonnenlicht und lebt einen üblichen Tages- und Nachtrhythmus.[86] Zudem können sie neben dem essentiellen Blut auch andere Nahrung zu sich nehmen. Der Horla ernährt sich beispielsweise von Milch und Wasser.[87]

Die im Volksglauben bekannte Verwandlungsfähigkeit der Wiedergänger ist hingegen in der romantischen Literatur nur selten umgesetzt. Neben *Dracula* mit seiner bekannten Fledermausgestalt bietet *Carmilla*, die zuweilen als riesige Raubkatze auftritt,[88] für ein derartiges Vermögen ein weiteres seltenes Beispiel.

Zwar unterscheiden sich die literarischen Vampire von ihren slawischen Vorfahren hinsichtlich ihres Erscheinungsbildes und ihrer Fähigkeiten, ihre Vernichtung erfolgt jedoch in konventioneller Weise. Der Holzpflock (Carmilla), Weihwasser (Clarimonde) oder die Feuerverbrennung (Varney) zählen auch in der Dichtung zu erfolgreichen Hilfsmitteln, mit welchen ein Vampir endgültig getötet werden kann. Im Falle verschiedener Abwehrmaßnahmen, die vor einem Angriff des Blutsaugers schützen sollen, verhält es sich jedoch völlig anders. So besitzt ein Kruzifix in vampirischen Werken nur selten eine schützende Wirkung. Interessant erscheint in diesem Kontext, dass in einigen Geschichten, in denen althergebrachte Methoden der Abwehr wirkungslos sind, kein Ersatzmittel genannt wird, das vor einem lebensbedrohlichen Angriff schützen könnte. Solche Fälle treten beispielsweise in Polidoris *The Vampyre* und Maupassants *Le Horla* auf. In solch einem Fall erhält der Untote, anders als im Volksglauben, den Status einer letztlich unbesiegbaren Macht, der seine Opfer hilflos ausgeliefert sind.[89]

---

[85] Vgl. Maupassant, Guy de: Der Horla. Zehn Novellen. (Aus dem Frz. übers. v. Christel Gersch). Berlin: Rütten & Loening 1989. S. 5-45.
[86] Vgl. Rymer, James Malcom; Prest, Thomas Peckett: Varney, der Vampir oder das Fest des Blutes. Der erste Vampirroman. München: Heyne 1976.
[87] Vgl. Maupassant, Guy de: Der Horla. Zehn Novellen. (Aus dem Frz. übers. v. Christel Gersch). Berlin: Rütten & Loening 1989. S. 17.
[88] Vgl. Le Fanu, Joseph Sheridan: Carmilla. In: Von denen Vampiren oder Menschensaugern. Dichtungen und Dokumente. Hrsg. von Dieter Sturm u. Klaus Völker. Frankfurt a.M.: Suhrkamp 2003 (= Phantastische Bibliothek, Band 306). S. 365f.
[89] Vgl. Pütz, Susanne: Vampire und ihre Opfer. Der Blutsauger als literarische Figur. Bielefeld: Aisthesis 1992. S. 80.

Anhand der festgehaltenen Beobachtungen wird ersichtlich, dass es nur bedingt gelingt, bestimmte Tendenzen oder Normen hinsichtlich der Darstellungs- und Gestaltungsformen der Vampirfigur aus der Literatur abzuleiten. Somit ist es nicht möglich, von der Bildung des *einen* literarischen Vampirtypus zu sprechen. Vorwiegend herrscht ein sehr vielseitiger literarischer Umgang mit der Figur des Blutsaugers, welcher die Polyvalenz des Sujets reflektiert. Dass also der Horla für sein Opfer nicht sichtbar ist, in manchen Erzählungen keine schützenden Abwehrmaßnahmen gegen Vampirangriffe genannt werden oder einige Werke das gruselige, andere das erotische Moment des slawischen Vampirglaubens betonen, ist auf die differierenden Interpretationsweisen des Motivs zurückzuführen.

In der Romantik trat besonders stark das Moment der Erotik als Darstellungsaspekt des Vampirs hinzu, welcher im Folgenden untersucht werden soll.

5.4 Die sexualpsychologische Dimension des Vampirs

Neben der politischen und gesellschaftskritischen Dimension der literarischen Vampirfigur verweist die Forschung besonders stark auf die sexualpsychologische Bedeutungsebene. Rein A. Zondergeld formulierte dazu in einem Lexikonartikel Folgendes:

> Der [Vampir]-Mythos wurde vor allem im 19. Jahrhundert dazu benutzt, ‚perverse' erotische Beziehungen auf verhüllte Weise zu schildern; die Nähe zwischen phantastischer und erotischer Literatur bleibt immer spürbar.[90]

Die Erotik der Vampirfigur beginnt bereits damit, dass ein Großteil der Revenants über eine unverkennbare sexuell anziehende Ausstrahlung verfügt und die Attackierten, welche zumeist ansehnliche Vertreter des anderen Geschlechts sind, den Kontakt mit dem Vampir sogar herbeisehnen. Selbst Stoker nutzte in seinem Roman *Dracula* noch die für die Gattung der Romantik konstitutive Ambivalenz von Lust und Schrecken, indem er seinen biederen Helden Jonathan die Duldung des Schreckens als lustvolle Erfahrung empfinden lässt:

> Ich fühlte erst die zarte, zitternde Berührung ihrer weichen Lippen auf der überempfindlichen Haut meiner Kehle und dann die harten Spitzen zweier scharfen Zähne, die mich berührten und darauf innehielten. Ich schloß die Augen in schlaffer Verzückung und wartete.[91]

Während bei weiblichen Revenants die sexuelle Dimension sehr stark zum Vorschein kommt, tritt sie hingegen bei ihren männlichen Artgenossen eher mäßig hervor. Le Fanus Carmilla und Gautiers Clarimonde üben bereits aufgrund ihres äußeren Erscheinungsbildes

---

[90] Zondergeld, Rein A.: Lexikon der phantastischen Literatur. Frankfurt a.M.: Suhrkamp 1983 (= Phantastische Bibliothek 91; Suhrkamp-Taschenbuch 880). S. 297.
[91] Stoker, Bram: Dracula. Ein Vampyr-Roman. (Aus dem Engl. übers. v. Heinz Wildtmann). 3. Auflage. Frankfurt a.M.: Fischer-Taschenbuch-Verlag 2008 (= Fischer Klassik, Bd.: 90108). S.55.

eine starke Anziehungskraft auf ihre Opfer aus. Im Handlungsverlauf werden immer wieder ihre Schönheit und ihre körperliche Vollkommenheit herausgestellt. Sir Varney gelingt es hingegen gleichermaßen die ausgewählte Beute in seinen Bannkreis zu locken. Er verfügt ähnlich wie sein literarischer Nachfahre Dracula über ein Charisma, das nicht an visuellen Kriterien festzumachen ist.[92] Lord Ruthven wird in Polidoris Erzählung als ansehnliche männliche Persönlichkeit eingeführt, doch sein attraktives Aussehen findet auch nur marginale Erwähnung.

Des Weiteren weist der Vampirangriff hinsichtlich des Verlaufs und einiger Begleiterscheinungen evidente Parallelen zum Sexualakt auf. Es bedarf kaum der psychoanalytischen Symbolforschung, um die sich zurückziehenden Lippen und das prächtige Gebiss des Vampirs mit den besonders langen entblößten Zähnen, welche in dem provokanten exhibitionistischen Akt des Angriffs sichtbar werden, als Phallussymbol zu erkennen. Doch es kann sich außer dem vergewaltigenden männlichen Organ auch um das verschlingende weibliche Genital handeln. Oftmals

> werden die Lippen als ‚karmesinrot' beschrieben und verweisen damit auf das von Blut durchpulste Organ im Erregungszustand, [...] mal erscheint der Mund als Wunde und zeigt damit – in einer geläufigen Verschiebung von ‚unten nach oben' – das weibliche Genital an.[93]

In diesen Symbolkomplex gehört ebenfalls das Blut, welches dem Vampir aus dem Mund oder über das Kinn läuft und schließlich mit Deflorations- oder Menstruationsblut zu assoziieren ist.

Der „Kuss" des Vampirs und die Überwältigung seines Opfers demonstrieren die unterschiedlichsten Darstellungen von Sexualität. Neben dem schlichten Vollzug des Beischlafs können masochistische und sadistische Tendenzen aufgezeigt werden. Während Le Fanu die lesbische Liebe thematisierte, offenbarte Stokers Werk wie viele andere die Vergewaltigung der Frau. Diese erotische Vielfalt stellt ein Affront gegenüber der bürgerlichen Sexualität dar.[94]

Brittnacher behauptet, die Erotik des Vampirs dient nicht der Zeugung *neuen*, sondern nur der Verewigung seines Lebens. Denn an die Stelle einer monogamen Liebe zu einem einzigen Wesen tritt in den meisten literarischen Werken meist eine hohe Frequenz von Liebesvereinigungen mit wechselnden Opferpartnern. Die vampirische Sexualität weist eine

---

[92] Vgl. Pütz, Susanne: Vampire und ihre Opfer. Der Blutsauger als literarische Figur. Bielefeld: Aisthesis 1992. S. 99f.
[93] Brittnacher, Hans Richard: Ästhetik des Horrors. Gespenster, Vampire, Monster, Teufel und künstliche Menschen in der phantastischen Literatur. Frankfurt a.M.: Suhrkamp 1994 (= Suhrkamp-Taschenbuch 2397). S. 143.
[94] Vgl. Ebd. S. 145ff.

befremdliche Selbstunterwerfung des Opfers auf, welches in einen Zustand des Auszehrens und Dahinsiechens einwilligt. Anders als der Sexualakt des Bürgers ist die erotische Vereinigung mit dem Vampir von lustvoll quälender Dauer. Dem Opfer werden Nacht für Nacht immer wieder neue Wonnen der Qual zugefügt, bevor es endlich den Lusttod im finalen Biss erleiden darf.[95]

Die starke sexuelle und erotische Aufladung des Vampirmotivs in der Literatur des 19. Jahrhunderts erklärt sich nicht allein durch den Aberglauben, der vom Liebes- und Sexualleben der Toten berichtet. Sie stützt sich auch weniger auf die Inhalte der Sagen, sondern vielmehr auf „eine veränderte Einstellung des Jahrhunderts zum Phänomen des Todes, der in seiner Bedrohlichkeit aus dem Leben verdrängt, in einen schönen Tod verwandelt werden sollte und dabei zur ‚Illusion der Kunst' wurde."[96] Es wurde der Versuch unternommen, den Tod zu bändigen, ihn vom Leben fernzuhalten und in einen Gegenstand der Schönheit und der Kunst zu verwandeln, was ihn jedoch umso bedrohlicher zurückkehren ließ. „Die Liebe zur Schönheit der Toten brachte den Tod in eine Verbindung zur Sexualität, die ihn unberechenbar werden ließ."[97] Denn sowohl die Sexualität als auch der Tod bilden Elemente der verdrängten Natur des Menschen und durch eben jene konnte die scheinbar beherrschte Natur gewalttätig in das zivilisierte Leben zurückdringen.

Die enge Verbindung der Sexualität zum Tod wird ebenfalls anhand des nekrophilen Aktes aufgezeigt, bei welchem das Opfer bei dem blutraubenden, erotisch konnotierten Vampirangriff stirbt. Doch die Nekrophilie stellt bloß ein Sekundärphänomen des literarischen Vampirismus dar.

Neben der Attacke des Vampirs enthält auch seine Vernichtung weitere sexuelle Anspielungen, wie anhand der Pfählung Lucy Westenras in *Dracula* deutlich wird:

> Arthur ergriff den Pfahl und den Hammer, und da er fest entschlossen war, zitterten sie nicht in seinen Händen. [...] Arthur richtete die Spitze auf das Herz des Leichnams, ich konnte genau ihren Eindruck in dem weißen Fleisch erkennen. Dann schlug er mit aller Kraft zu. Das Wesen im Sarge krümmte sich zusammen; scheußlicher blutiger Schaum trat auf seine geöffneten roten Lippen. Der Körper wand sich, erzitterte und zuckte in wilden Krämpfen; die scharfen, weißen Zähne klappten zusammen und durchschnitten die Lippen, die sich mit blutigem Speichel bedeckten. Aber Arthur wich nicht. Er glich einem Standbild des Gottes Tor, wie so sein unfehlbarer Arm sich hob und niederfiel, den gnadenbringenden Pfahl immer weiter hineintreibend. Das Blut quoll aus dem durchbohrten Herzen und

---

[95] Vgl. Brittnacher, Hans Richard: Ästhetik des Horrors. Gespenster, Vampire, Monster, Teufel und künstliche Menschen in der phantastischen Literatur. Frankfurt a.M.: Suhrkamp 1994 (= Suhrkamp-Taschenbuch 2397). S. 147.
[96] Claes, Oliver: Fremde. Vampire: Sexualität, Tod und Kunst bei Elfriede Jelinek und Adolf Muschg. Bielefeld: Aisthesis 1994. S. 13.
[97] Ebd. S. 14.

spritzte weit herum. […] Da brach ein frohes, seltsames Leuchten durch das tiefe Entsetzen, das seine Züge verfinstert hatte.[98]

Im Pflock ist unschwer ein Phallussymbol zu erkennen, welches an der Stelle des Herzens in den Vampirleib hineingestoßen wird. Dieser fetischistische Einverleibungsakt dient als Ersatz des Koitus, weshalb der Vampir bei der „Pflockung" folgerichtig laut aufstöhnt. Die Beschreibung Lucys Todeskampfes weist evidente Parallelen zum Orgasmus auf und auch das frohe Leuchten auf ihrem Antlitz lässt daran erinnern.

> Die Vampirpflockung enthält allerdings eine Umkehrung des üblichen Vampirsex: Der sadistische Vampir taucht nun in die masochistische Opferrolle ein, während die potentiellen Opfer als Vampirjäger nunmehr mit gutem Gewissen ihren eigenen Sadismus auskosten dürfen.[99]

Doch nicht jede Form einer Vampirexekution ist mit dem Sexualakt assoziierbar. Draculas Vernichtung (durch die Abtrennung seines Kopfes) verläuft eher „unspektakulär", besteht sie doch nicht in einer „Penetration", sondern einer „Kastration".[100]

Der Vampir als phantastisches Motiv besitzt einen immensen Interpretationsspielraum an Obszönem, wie die nekrophile und sexuelle Komponente bei den Angriffen oder der Pfählung aufzeigen. Doch er kann auch helfen, die männliche und weibliche Geschlechtlichkeit offenzulegen. Im Folgenden soll aufgezeigt werden, wie die typischen vampirischen Geschlechterrollen aussehen und welche Besonderheiten sie aufweisen.

5.4.1 Der männliche Vampir

Einen literarischen Siegeszug erlebte der männliche Wiedergänger besonders in seiner Darstellung durch Lord Byron und dessen Leibarzt Polidori. Sie statteten die ursprünglich derbe Gestalt des slawischen Volksglaubens mit den Insignien einer maskulinen, aristokratischen Kultur aus. Auch Autoren wie Mérimée, Gogol und Alexej Tolstoi folgten dieser Tradition und verzichteten darauf, die männliche Vampirgestalt als monströse Zwischenexistenz auszustaffieren.[101]

Bereits in den ersten gotischen Romanen traten stereotype Schurken auf, deren Verdammnis ästhetisiert wurde. Diesen Typus des trauernden Zerstörers hat Byron als Erster ins Vampirische gewendet. Er siedelte das Bild des Vampirs als metaphysisches Ungeheuer zwischen Leben und Tod an und übersetzte es in die Terminologie seiner Zeit. Diese war

---

[98] Stoker, Bram: Dracula. Ein Vampyr-Roman. (Aus dem Engl. übers. v. Heinz Wildtmann). 3. Auflage. Frankfurt a.M.: Fischer-Taschenbuch-Verlag 2008 (= Fischer Klassik, Bd.: 90108). S. 282f.
[99] Borrmann, Norbert: Vampirismus oder die Sehnsucht nach Unsterblichkeit. München: Diederichs 1998. S. 230.
[100] Vgl. Brittnacher, Hans Richard: Ästhetik des Horrors. Gespenster, Vampire, Monster, Teufel und künstliche Menschen in der phantastischen Literatur. Frankfurt a.M.: Suhrkamp 1994 (= Suhrkamp-Taschenbuch 2397). S. 151.
[101] Vgl. Ebd. S. 171.

bestimmt von dem gotischen Schurken, der auf schreckliche Art und Weise Faszination ausübte und gleichzeitig melancholisch war. Er war also Träger der beiden Empfindungen – Schrecken und Trauer – und zumeist Aristokrat, um das Vergangene des Ancien régime glänzender erscheinen zu lassen. Byron hat somit „den Vampir endgültig aus der Folklore erlöst und in das metaphorische Pandämonium der Romantik eingeführt."[102]
Laut Brittnacher, eignen sich nur die Aristokraten mit ihrer vom Bürgertum gepflegten und diskreditierten Ikonographie von Ausbeutung, Unterdrückung und erotischer Gier dazu, die im Vampirmythos angelegten Elemente der Gewalt, des Parasitentums und der Wollust zu veranschaulichen. In der theatralischen Inszenierung des Adels mit ihren düsteren Effekten und ihrer rastlosen Suche nach Zerstreuung, zeigt sich besonders stark der Aspekt der Trauer.[103] Der typische männliche Vampir der Romantik – auch *gothic villain* genannt – ist also der adlige Melancholiker. Der düstere Höfling stellt ein Reversbild aufgeklärter Fortschrittspsychologie dar und spiegelt das zweifelnde, unsichere Bürgertum wider. Dieser Vampirtypus ist nicht allein ein blutiges Scheusal, sondern zeichnet sich ebenso durch die noble Boshaftigkeit eines charismatischen Einzelgängers aus. Lord Ruthven ist Polidoris Variante des *gothic villain*, sowie der Byron'schen Vorlage. Er bildet den klassischen, aristokratischen Verführer, der sich innerhalb der gehobenen Gesellschaftsschicht seine Opfer auswählt. Sein hypnotischer, durchdringender Blick und auch seine physische Ansehnlichkeit, sowie seine vornehme Blässe sind an das gotische Vorbild angelehnt:

> Andere dagegen glaubten, daß es durch ihre Furcht verursacht würde, von Jemandem beobachtet zu werden, der nach Ausweis seiner farblosen Wangen (welche niemals, weder von der Röte bewußtwerdender Scham noch durch irgendeine machtvolle Emotion, eine wärmere Tönung empfingen) über allen menschlichen Gefühlen und Sympathien zu stehen schien [...]. Ja selbst unerachtet der totenbleichen Schattierung seines feingeformten Hauptes probierten manche der weiblichen Prominentenjäger sein Augenmerk zu erringen [...].[104]

Dracula bildet den letzten Spross der gotisch-vampirischen Ahnenreihe, da er ebenfalls der Ikonographie des *gothic villain* durch seine aristokratische Noblesse und vampirische Verworfenheit entspricht. Aus diesen Gründen kann der Roman durchaus noch als später Beitrag des Gothic Novel-Genres gelten.
In der 2. Hälfte des 19. Jahrhunderts wurde der Fokus vom männlichen wieder zunehmend auf den weiblichen Vampir gelegt.

---

[102] Von denen Vampiren oder Menschensaugern. Dichtungen und Dokumente. Hrsg. von Dieter Sturm u. Klaus Völker. Frankfurt a.M.: Suhrkamp 2003 (= Phantastische Bibliothek, Band 306). S. 548.
[103] Vgl. Brittnacher, Hans Richard: Ästhetik des Horrors. Gespenster, Vampire, Monster, Teufel und künstliche Menschen in der phantastischen Literatur. Frankfurt a.M.: Suhrkamp 1994 (= Suhrkamp-Taschenbuch 2397). S. 171f.
[104] Polidori, John William: Der Vampyr. Eine Erzählung. (Aus dem Engl. übers. v. Heiko Postma). 2. Auflage. Hannover: jmb-Verlag 2011 (= Kabinett der Phantasten 8). S. 3f.

Neben traditionellen und geschlechtsbedingten Gründen (das starke Geschlecht macht seinem Namen bis zur Dekadenz Ehre; erst dann werden die Rollen vertauscht, wie sich zeigen wird) hat der unheimliche Zauber der Byronschen Helden unzweifelhaft seinen Einfluss in diesem Sinne ausgeübt.[105]

5.4.2 Der weibliche Vampir

Mit Goethes *Braut von Korinth* offenbarte die Literatur schon vor 1900 weibliche Vampire. Doch die Semantik dieses Motivs wurde erst in der 2. Hälfte des 19. Jahrhunderts maßgeblich von Theophile Gautiers Werk *La morte amoureuse* und Sheridan Le Fanus Erzählung *Carmilla* geprägt. Gemeinsam ist diesen drei Vampirgeschichten, dass die weibliche Darstellung charakteristische Abweichungen vom männlich codierten Masterplot aufweist. Diese weiblichen Vampire wählen nicht allein Männer als Opfer aus. So entscheidet sich Carmilla für Frauen und sollte die Wahl doch auf einen Mann fallen wie in Le Fanus Opus, so muss der Vampirbiss nicht gleich seine Vernichtung bedeuten. Denn Clarimonde verschont ihren Geliebten vor dem Tode. In den Texten dieser Tradition zeigt sich demzufolge die Täter-Opfer-Beziehung eher von einer zärtlichen, liebevollen anstatt einer gewaltsamen Erotik bestimmt.[106]

Die erotische Energie des männlich dominierten Paradigmas in der Literatur um 1900 ist von Gewalt und sexueller, infektiöser Lust gespeist. Die Tradition des weiblichen Vampirismus bringt hingegen die Sinnlichkeit wieder zur Geltung und huldigt der weiblichen Schönheit. Sie infiltrieren das männliche Paradigma, indem die vormaligen *Femme fragiles*, die Opfer des Vampirs, nun zu *Femme fatales* avancieren, die an ihren männlichen Peinigern von einst grausame Rache für erlittene Demütigungen nehmen.[107]

Gründe für die geschlechtliche Umcodierung der Vampirmetapher im Laufe des 19. Jahrhunderts sieht Brittnacher in der „Angst vor der Frau als einem Wesen von panerotischer Unersättlichkeit, de[m] Geschlechterkampf als anthropologischen Grundkonflikt einer Krisenzeit und de[m] Wechsel des erotischen Trägerkonzepts."[108]

Die schöne, unschuldige und moralisch wehrlose *Femme fragile* bildet den Kontrasttyp zur dunklen verheißungsvollen und sinnlichen *Femme fatale*. Jene wirkt vor allem durch ihre

---

[105] Praz, Mario: Liebe, Tod und Teufel. Die schwarze Romantik. (Aus dem Ital. übers. v. Lisa Rüdiger). 2. Auflage. München: Deutscher Taschenbuch-Verlag 1981 (= dtv 4375, Dtv-Wissenschaft). S. 91.
[106] Vgl. Brittnacher, Hans Richard: Phantasmen der Niederlage. Über weibliche Vampire und ihre männlichen Opfer um 1800. In: Poetische Wiedergänger. Deutschsprachige Vampirismus-Diskurse vom Mittelalter bis zur Gegenwart. Hrsg. von Julia Bertschik u. Christa Agnes Tuczay. Tübingen: Francke 2005. S. 165.
[107] Vgl. Ebd. S. 168.
[108] Ebd.

extreme Zartheit, kindliche Zierlichkeit, Krankheit und Todesnähe auf sensible Männer eine Faszination aus.[109]

Die *Femme fatale* (siehe Abbildung 7) stellt den außergewöhnlichsten und häufigsten Weiblichkeitstyp der Vampirliteratur dar. Sie ist Erotik pur und verkörpert neben positiven auch die zerstörerischen Aspekte erotischer Leidenschaft. Diese dämonische Verführerin besitzt eine geheimnisvolle Anziehungskraft, sinnliche Ausstrahlung, verfügt über erotische Verführungskunst und weist gleichzeitig eine Aura der Gefahr auf. Ihr klassisches Opfer ist häufig der Mann und meist bleibt es in den *Femme-fatale*-Geschichten nicht nur bei einem Opfer, wodurch es zu einer Reihenbildung kommt. In der Romantik wurde besonders diese Imagination aktiviert, weil die Konstellation einer dominierenden, sowie sexuell übermächtigen Frau und eines ihr willenlos ausgelieferten Mannes Ausdruck männlicher Verstörung angesichts der Emanzipation der Frau liefern sollte.[110]

Abb. 7 **Der weibliche Vampir als männermordendes Ungetüm**. Edvard Munch: „Vampir". Lithografie, 1900. Quelle: Borrmann, Norbert: Vampirismus oder die Sehnsucht nach Unsterblichkeit. München 1998. S. 238.

Die *Femme fragiles* wurden in empfindsamen Romanen als moralisch untadelige Heldinnen gegen notorisch sittenverdorbene Aristokraten in die Schlacht geschickt. Doch dieses Verhältnis der Unschuld sollte sich um 1850 umkehren. Die Tugendheroine wurde von einer erotischen Vernichterin des Lebens abgelöst – der *Femme fatale*. Doch diese hatte

> mit Goethes letztlich moralischer *Braut von Korinth* wenig gemein – nicht unbekümmerte heidnische Mädchen sind sie, die einer verbissenen, christlichen oder bigotten Sexualmoral das Recht auf unschuldigen Sinnengenuß abtrotzen, zur Not eben auch in Form nächtlicher Heimsuchungen, sondern es sind die jahrzehntelang von aristokratischen Wüstlingen gebissenen Frauen, die ihrerseits zu Vampiren geworden sind und ihre verlorene Unschuld an den männlichen Nachkommen ihrer einstigen Peiniger rächen.[111]

---

[109] Vgl. Cella, Ingrid: „… es ist überhaupt gar nichts da." Strategien der Visualisierung und Entvisualisierung der vampirischen Femme fatale. In: Poetische Wiedergänger. Deutschsprachige Vampirismus-Diskurse vom Mittelalter bis zur Gegenwart. Hrsg. von Julia Bertschik u. Christa Agnes Tuczay. Tübingen: Francke 2005. S. 185.
[110] Vgl. Ebd. S. 186ff.
[111] Brittnacher, Hans Richard: Ästhetik des Horrors. Gespenster, Vampire, Monster, Teufel und künstliche Menschen in der phantastischen Literatur. Frankfurt a.M.: Suhrkamp 1994 (= Suhrkamp-Taschenbuch 2397). S. 176.

Der als literarische Sühnenhandlung konzipierte Geschlechterrollentausch vom männlichen *gothic villain* zur weiblichen *Femme fragile* und dessen Entwicklung zur *Femme fatale*, setzte am Vampirismus keine neuen Elemente frei. Jedoch wird bereits in der Umkehrung der Opfer-Täter-Dialektik allein die Unverwüstlichkeit des Motivs belegt.[112]

---

[112] Vgl. Brittnacher, Hans Richard: Ästhetik des Horrors. Gespenster, Vampire, Monster, Teufel und künstliche Menschen in der phantastischen Literatur. Frankfurt a.M.: Suhrkamp 1994 (= Suhrkamp-Taschenbuch 2397). S. 180.

6. Eine Suche nach vampiristischen Motiven in Goethes *Braut von Korinth*[113]

Die dargestellte Sensibilisierung der Figur des Vampirs in der Literatur der Romantik schlägt sich bereits in Johann Wolfgang Goethes Ballade *Die Braut von Korinth*[114] aus dem Jahre 1797 nieder. Doch für

> viele Interpreten stellt seither der Text im Gesamtwerk des Weimarer Olympioniken gewissermaßen einen Störfall dar, entschuldbar oder ärgerlich, ein untoter Fremdkörper, der sich mit der Übernahme der Blutsaugerin als literarischer Randfigur selbst marginalisiert hat.[115]

An diesen Spott anlehnend wird in der Forschungsliteratur die vampirische Metaphorik des Gedichts zumeist stark angezweifelt. Sie empfand dieses Sujet als zu trivial und kritisierte die geringe künstlerische Dignität. Der Stoff musste zwangsläufig an etwas Geistiges angeknüpft werden und Goethes Vampirmädchen galt nicht allein als tragische Figur, welche unter ihrer Liebeserfahrung litt, sondern wurde zum Medium der Goetheschen Gesellschaftskritik instrumentalisiert.[116] Daher scheint es umso interessanter, neben dem geistesgeschichtlichen und sozialkritischen Ansatz neuere Deutungen ins Auge zu fassen, die das Vampirische der Braut ins Zentrum rücken. Für diese Auffassung spricht bereits das Faktum, dass Goethe Anfang Juni 1797 in seinem Tagebuch das Werk mehrfach als „Vampyrisches Gedicht"[117] betitelte. Des Weiteren behauptete der Dichter, den Stoff zu seiner Ballade bereits seit Jahrzehnten mit sich herumgetragen zu haben.[118]
Die Literaturwissenschaft vermutet, dass die antike Sage des griechischen Schriftstellers Phlegon Aelius Trallianus (2. Jh. n. Chr.) aus seinem *Buch der Wunder* Quelle des Gedichts sei.[119] Moderne Deutungsweisen nehmen hingegen an, dass es vampirische Sagen und Berichte waren, welche Goethe seit seiner Kindheit beschäftigten und beim Verfassen

---

[113] Vgl.: Tille, Rebecca: Goethes Ballade „Die Braut von Korinth". München: GRIN Verlag 2010.
[114] von Goethe, Johann Wolfgang: Die Braut von Korinth. In: Goethes Werke. Gedichte und Epen. Band 1. Hrsg. v. Erich Trunz. 8. Auflage. Hamburg: Christian-Wegner-Verlag 1966. S. 268-273.
[115] Ruthner, Clemens: Untote Verzahnungen. Prolegomena zu einer Literaturgeschichte des Vampirismus. In: Poetische Wiedergänger. Deutschsprachige Vampirismus-Diskurse vom Mittelalter bis zur Gegenwart. Hrsg. von Julia Bertschik u. Christa Agnes Tuczay. Tübingen: Francke 2005. S. 35.
[116] Vgl. Schemme, Wolfgang: Goethe: Die Braut von Korinth. Von der literarischen Dignität des Vampirs. In: Wirkendes Wort. Deutsche Sprache und Forschung und Lehre. 36. Jahrgang. Hrsg. v. Theodor Lewandowski [u.a.]. Düsseldorf: Schwann 1986. S. 336f.
[117] Goethe ueber seine Dichtungen. Versuch einer Sammlung aller Aeusserungen des Dichters ueber seine poetischen Werke. Theil 3: Die lyrischen Dichtungen. Band 1. Hrsg. von Hans Gerhard Gräf. Frankfurt a. M.: Rütten & Loening 1912. S. 274f.
[118] Vgl. Goethe Handbuch. Band 1. Gedichte. Hrsg. v. Regine Otto und Bernd Witte. Stuttgart [u.a.]: Metzler 1996. S. 288.
[119] Vgl. Ebd.

dieses Werkes im Vordergrund standen. So heißt es in Goethes Aufsatz *Bedeutende Fördernis durch ein einziges geistreiches Wort*:

> Mir drückten sich gewisse große Motive, Legenden, uraltgeschichtlich Überliefertes so tief in den Sinn, daß ich sie vierzig bis fünfzig Jahre lebendig und wirksam im Innern erhielt; mir schien der schönste Besitz, solche werte Bilder oft in der Einbildungskraft erneut zu sehen, da sie sich denn zwar immer umgestalteten, doch, ohne sich zu verändern, einer reineren Form, einer entschiednern Darstellung entgegenreiften, Ich will hiervon nur die ‚Braut von Korinth', den ‚Gott und die Bajadere' [...] nennen.[120]

Zugegebenermaßen wird an dieser Stelle nicht explizit deutlich, ob Goethe auf den Vampirmythos anspielt. Jedoch besteht die Annahme, dass der Dichter Berichte, beispielsweise von Calmet oder Abbate Fortis,[121] über vampiristische Vorfälle im osteuropäischen Raum durchaus gekannt haben soll und somit in der Auseinandersetzung mit den Romantikern wieder auf das vampirische Sujet zurückkam.[122] Laut Clemens Ruthner war Goethes Randgang ins Vampirische sogar ein absichtlicher, der strategisch der Popularisierung literarischer Kunst dienen sollte, indem die Wirkungsgewalt des Phantastischen genutzt wurde.[123]

6.1 Antike Quellen der Ballade

Die Literaturwissenschaft enthält vorwiegend die These, dass Goethes *Braut von Korinth* eine antike Gespenstergeschichte aus Phlegon Aelius von Tralles' *Buch der Wunder* als Vorlage gedient haben soll. Jedoch hat jener nach eigenen Angaben den Stoff „nicht aus Phlegons Traktat von Wunderdingen sondern wo anders [...] hergenommen."[124] Wenn mit dieser Aussage nicht allein der Vampirmythos gemeint war, so kannte er die Erzählung wahrscheinlich aus *Anthropodemus plutonicus – Eine Weltbeschreibung von allerley wunderbaren Menschen* (1666) von Johannes Praetorius. Denn er nutzte dieses Werk ebenfalls für die Walpurgisnacht des *Faust* (I. Teil) als Quelle.[125]

---

[120] von Goethe, Johann Wolfgang: Philosophische und naturwissenschaftliche Schriften. Elibron Classics 2001. S. 252.

[121] Abbate Albero Fortis' *Reise in Dalmatien* (1776) und Augustin Calmets Abhandlung *Gelehrte Verhandlungen von den sogenannten Vampiren oder zurückkommenden Verstorbenen* (1744) berichteten im 18. Jahrhundert über den Vampirglauben der Balkanvölker.

[122] Vgl. Von denen Vampiren oder Menschensaugern. Dichtungen und Dokumente. Hrsg. von Dieter Sturm u. Klaus Völker. Frankfurt a.M.: Suhrkamp 2003 (= Phantastische Bibliothek, Band 306). S. 561.

[123] Vgl. Ruthner, Clemens: Untote Verzahnungen. Prolegomena zu einer Literaturgeschichte des Vampirismus. In: Poetische Wiedergänger. Deutschsprachige Vampirismus-Diskurse vom Mittelalter bis zur Gegenwart. Hrsg. von Julia Bertschik u. Christa Agnes Tuczay. Tübingen: Francke 2005. S. 36.

[124] Rahe, Konrad: Als noch Venus' heitrer Tempel stand. Heidnische Antike und christliches Abendland in Goethes Ballade Die Braut von Korinth. In: Antike und Abendland. Band 45. Hrsg. v. Wolfgang Harms [u.a.] Berlin [u.a.]: Walter de Gruyter 1999. S. 138.

[125] Vgl. Goethe Handbuch. Band 1. Gedichte. Hrsg. v. Regine Otto und Bernd Witte. Stuttgart [u.a.]: Metzler 1996. S. 288.

Inhalt der antiken Gespenstergeschichte ist folgender:

> Danach kommt der Jüngling Machates in die syrische Stadt Tralles zu Gastfreunden seiner Eltern, denen vor sechs Monaten die Tochter gestorben ist. Davon weiß der Jüngling aber nichts. Nachts erscheint sie bei ihm, gesteht ihm die Liebe, und sie verbringen die Nacht zusammen. Am Tage verschwindet sie. Aber Dienstboten haben sie bemerkt und melden es den Eltern. Als sie in der nächsten Nacht wieder bei Machates ist, kommen die Eltern und sind entzückt, die verstorbene Tochter wiederzusehen. Sie aber sinkt tot um. Man wirft den Leichnam außerhalb der Stadt wilden Tieren vor und opfert sie den Göttern. Machates stirbt bald danach.[126]

Es fällt sogleich auf, dass die Handlung der Geschichte große Ähnlichkeit zum Inhalt der Goetheschen Ballade aufweist, jedoch fehlt ihr gänzlich der vampirische Aspekt. Der Dichter nahm einige Änderungen vor: Er gestaltete die geisterhaft umherwandelnde Tote aus der antiken Sage zu einer Nachzehrerin mit vampirischen Zügen um. Der Jüngling kehrt in der Ballade auch nicht zufällig in das Elternhaus jener ein. Er betritt das Haus in der Absicht, die versprochene Braut anzutreffen. Der Handlungsschauplatz wurde von Tralles nach Korinth verlegt. Korinth stellt eine der ersten Städte im antiken Griechenland dar, die christianisiert wurde und verweist damit bereits auf den Religionskonflikt. Auf der einen Seite steht die zum Christentum konvertierte korinthische Familie und auf der anderen der heidnische Jüngling, der ihre Tochter mit sich nehmen will und sie somit wieder zum heidnischen Glauben zurückführen würde. Wie in der Gespenstergeschichte, so ist sich auch Goethes Jüngling anfangs nicht bewusst, dass die versprochene Tochter eine Untote ist. Dies erfährt er erst, als die Mutter die beiden beim Liebesspiel stört.

In der Gegnerschaft des

> weltanschaulichen Dualismus von antiker Sinnenfreude und christlicher Askese hat man gern die ‚Grundidee' dieses Gedichts erkennen wollen. In der Tat ist ein solcher Dualismus nicht zu übersehen; Korinth und Athen sind diejenigen Städte der Spätantike, die ihn schon mit den ersten Versen des Gedichts ankündigen. [...] Aber daß Goethe sein Erlebnis der Antike in diesem Gedicht gegen Christentum und christliche Askese habe ausspielen wollen, ist eine bestreitbare Deutung.[127]

Walter Müller-Seidel ist der Annahme, dass Goethe nicht das Christentum an sich in Frage stellte, sondern bloß die damit verbundene Lebensweise, die eigenen Kinder der Kirche zu weihen. Der kranke Religionswahn der Mutter, welche die absolute Verfügungsgewalt über ihre Tochter besitzt, wird von ihm vehement angeprangert.[128]

Ilse Graham geht bei ihrer theologischen Interpretation der Goetheschen Ballade sogar noch einen Schritt weiter und behauptet, jene sei ausschließlich im Rahmen der Korinther-

---

[126] Schemme, Wolfgang: Goethe: Die Braut von Korinth. Von der literarischen Dignität des Vampirs. In: Wirkendes Wort. Deutsche Sprache und Forschung und Lehre. 36. Jahrgang. Hrsg. v. Theodor Lewandowski [u.a.]. Düsseldorf: Schwann 1986. S. 338.
[127] Müller-Seidel, Walter: Die Geschichtlichkeit der deutschen Klassik. Literatur und Denkformen um 1800. Stuttgart: Metzler 1983. S. 120f.
[128] Vgl. Ebd. S. 122.

briefe des Apostels Paulus gänzlich zu verstehen. Erst diese gaben Goethe den metaphysischen Rahmen vor und verhalfen ihm zu der klassischen Formulierung des Misstrauens gegen das todbringende, vampirhafte und geistig entmannende Weibliche.[129]

> Goethes schöpferische Aneignung der Vampirmythe besteht darin, daß und wie er jene Vorgaben einerseits im Sinne seiner klassischen Position verändert, andererseits gerade in ihrer ursprünglich-dämonischen Realität beläßt und in seine Ballade einbringt.[130]

Indem er die Braut als empfindsames Vampirmädchen beschreibt, das weit vom ursprünglichen Wiedergängertum des slawischen Volksglaubens entfernt ist, kommt es zur Abwandlung der antiken Sagenhandlung. Damit präsentiert er nicht nur eine neuartige Verarbeitung des Sujets, sondern sorgt gleichzeitig für eine starke innere Spannung. Da die Figur des Mädchens Parallelen zur mythologischen Lamia aufweist, entstand sie womöglich auch in Anlehnung an die klassischen Studien des Autors. Dass Goethe die Lamien-Episoden kannte und in seinem *Faust* verwendete, wurde bereits erwähnt.

Aufgrund dessen liegt die Annahme nahe, dass Goethe die Gespenstergeschichte Phlegons als Handlungsrahmen nutzte, das Sujet aber von den Vampirmythen mitgestaltet wurde, die ihn vermutlich in der Kindheit beeindruckt hatten. Damit dürfte beiden Komponenten ein maßgeblicher Einfluss auf sein Werk zukommen. Wäre dies nicht der Fall, so hätte Goethe bei der einfachen Adaption des Wiedergängers aus der Wundergeschichte bleiben können, anstatt sie zu einem besonderen Typus des Nachzehrers – dem Vampir – zu machen. Stefan Hock schreibt dazu Folgendes:

> Aus dem dreimal in seinem Tagebuche gebrauchten Ausdruck ‚das vampyrische Gedicht' geht klar hervor, daß Goethe die Vampyrsage behandeln wollte; die […] Thatsache, daß die zu Grunde liegende Erzählung des Phlegon gar nichts mit einer Vampyrsage zu thun hat, macht es höchst wahrscheinlich, daß es Goethe war, der das ‚Vampyrische' in die Quelle hineingetragen hat.[131]

6.2 Der Vampir in der Braut von Korinth

Goethe behauptete, seine Ballade die *Braut von Korinth* sei ein „Vampyrisches Gedicht."[132] Doch inwiefern lassen sich in diesem umstrittenen Opus überhaupt vampiristische Motive und Elemente nachweisen? Die besonders auffällige Diskrepanz

---

[129] Vgl. Graham, Ilse: Goethe. Schauen und Glauben. Berlin [u.a.]: de Gruyter 1988. S. 263ff.
[130] Schemme, Wolfgang: Goethe: Die Braut von Korinth. Von der literarischen Dignität des Vampirs. In: Wirkendes Wort. Deutsche Sprache und Forschung und Lehre. 36. Jahrgang (1986). S. 342.
[131] Hock, Stefan: Die Vampyrsagen und ihre Verwertung in der deutschen Literatur. Berlin: Duncker 1900 (= Forschungen zur neueren Literaturgeschichte 17). S. 66.
[132] Goethe ueber seine Dichtungen. Versuch einer Sammlung aller Aeusserungen des Dichters ueber seine poetischen Werke. Theil 3: Die lyrischen Dichtungen. Band 1. Hrsg. von Hans Gerhard Gräf. Frankfurt a. M.: Rütten & Loening 1912. S. 274f.

zwischen Christentum und Heidentum, die in der Ballade vorherrscht, soll an dieser Stelle nur eine marginale Betrachtung erfahren.

Als der Jüngling bei der korinthischen Familie eintrifft, wird er lediglich von der Mutter erwartet, welche ihn aufs Freundlichste empfängt: „Sie empfängt den Gast mit bestem Willen" (V 17). Sie hat vor, ihn mit einer Schwester der versprochenen Braut zu vermählen („Meiner zweyten Schwester gönnt man dich" (V 72)), bis diese selbst im gastlichen Schlafzimmer erscheint. Erst im weiteren Verlauf der Ballade erfährt der Leser, dass es sich bei der *Braut* um eine Tote handelt. Sie verstarb in der Einsamkeit des Klosters, in das sie ihre Mutter in ihrem Religionswahn verbannt hatte, und kehrt nun als Wiedergängerin in ihr vorheriges Leben zurück. Da ihr die vorherbestimmte Vermählung und der körperliche Vollzug dieser verweigert wurde, kann dies als Vergewaltigung der (Trieb-)Natur betrachtet werden. Es tritt eine unlebendige blutsaugende Spiritualität ein, welche der Körperlichkeit ebenso ambivalent gegenübersteht wie die Antike dem Christentum.[133]

Goethe führt sein Vampirmädchen dem Leser nicht als blutgieriges Ungeheuer vor, das allein auf Vernichtung und Zerstörung aus ist, sondern zeichnet das Bild einer zarten humanisierten Vampirgestalt und offenbart ihre innere Not. In der Gebrochenheit ihrer Liebe manifestiert sich der Anschein, dass auch ihre personale Identität gebrochen ist. Demzufolge lässt sich die poetische Wendung ins Innere und Humane daraus schließen, dass Goethe sein Vampirmädchen keinesfalls so darstellt, wie in alten Sagen oder historischen Berichten, in denen vampirhafte grausame Gestalten gierig und blutrünstig über ihre Opfer herfallen. Goethes Vampir durchbricht diesen klassischen Typus, da die Braut beinah zufällig und ohne Absicht in das Zimmer des Jünglings zu gelangen scheint. Sie wusste nicht einmal, dass er sich dort aufhält, und nicht er erschrickt, wie erwartet, über ihr Erscheinen „sittsam still" (V 31), sondern sie: „Wie sie ihn erblickt, / Hebt sie, die erschrickt, / Mit Erstaunen eine weiße Hand" (V 33ff). Die weiße Hand deutet ebenso wie ihr „schwarz und goldnes Band" (V32) bereits auf ihren unlebendigen Zustand hin. Das Band symbolisiert neben dem „weiße[n] Schleyer" (V 30) nicht allein eine Brautschmückung, sondern gleichzeitig den Wandel zwischen Diesseits (goldene Farbe) und Jenseits (schwarze Farbe). Es ist ihr peinlich, ihn gestört zu haben, sie entschuldigt sich schüchtern und sensibel bei ihm: „Und nun überfällt mich hier die Schaam. / Ruhe nur so fort, / Auf dem Lager dort / Und ich gehe schnell so wie ich kam" (V 39ff). An dieser Stelle erinnert sie in ihrer Zartheit und Zurückhaltung stark an eine *Femme fragile*, welcher eher eine Opferrolle zugestanden wird. Der Jüngling wirbt zunehmend ungestümer um das Mädchen, die er als

---

[133] Vgl. Mayer, Mathias: Natur und Reflexion. Studien zu Goethes Lyrik. Frankfurt a. M.: Vittorio Klostermann 2009 (= Das Abendland – Neue Folge 35). S. 131.

seine Braut, nicht jedoch als Revenant erkennt: „Bleibe schönes Mädchen! ruft der Knabe, / [...] / Liebe komm und laß / Laß uns sehn, wie froh die Götter sind" (V 43; 48f.). Sie weist ihn anfänglich zurück („Ferne bleib, o Jüngling! bleibe stehen," (V50)) und gibt ihm zu verstehen, dass ihre Liebe ihn vernichten würde und sie ihn davor bewahren möchte:

> Ach! wie ungern seh ich dich gequält! / Aber ach! berührst du meine Glieder, / Fühlst du schaudernd was ich dir verheelt. / Wie der Schnee so weiß, / Aber kalt wie Eis / Ist das Liebchen, das du dir erwählt. (V 107ff.)

Darin spiegelt sich der innere Konflikt der Nachzehrerin wider, da sie ihren Geliebten nicht verletzen möchte, sich jedoch auch stark nach der körperlichen Vereinigung mit ihm und gewiss auch nach seinem Blut sehnt. Sie gibt sich ihm als Untote zu erkennen, doch dies hält den Jüngling immer noch nicht davon ab, sie weiterhin mit seinem leidenschaftlichen Drängen zur Liebesnacht zu provozieren, woraufhin sie der Versuchung nicht länger widerstehen kann.

> Liebe schließet fester sie zusammen, / Thränen mischen sich in ihre Lust, / Gierig saugt sie seines Mundes Flammen / Eins ist nur im andern sich bewußt; / Seine Liebeswuth / Wärmt ihr starres Blut, / Doch es schlägt kein Herz in ihrer Brust. (V 120ff.)

Ihre Tränen zeigen, dass mit ihrem Nachgeben das Schicksal ihres Geliebten besiegelt ist und ihr dies leidvoll bewusst ist. Es ist keine blutrünstige Vampirin, keine *Femme fatale*, die sich triebhaft auf ihr Opfer stürzt, sondern der leidenschaftliche Jüngling drängt die tote Braut zur Liebesnacht. Da sie plötzlich „gierig saugt [...] seines Mundes Flammen" (V 122), wird auch sie von der Leidenschaft gepackt. Somit geht die sexuelle Erregung des Mädchens mit einer vampirischen Aktivierung einher. Denn dieser erotische Kuss lässt an einen tödlichen Vampirbiss erinnern. Der Drang des Goetheschen Vampirmädchens ist erotischer Natur und offenbart nicht nur ihren Drang nach Liebe, sondern auch den nach dem Leben. Ihr gieriger und triebhafter Liebesdrang ist sogar vergleichbar mit den Charakteristika einer *Femme fatale*, denen ihre Unschuld und Tugendhaftigkeit, als Kennzeichen der *Femme fragile* gegenüberstehen. Daraus lässt sich schließen, dass Goethe seine vampirische Braut als Täterin und Opfer zugleich in zweierlei Hinsicht psychologisiert hat.

> Aber dies ist gerade das Goethsche an der Bearbeitung des Vampirmotivs: daß er dieses vampirische Wesen, das gleichsam ein gemähtes Heidentum repräsentiert, mit einer Sensibilität und Einfühlsamkeit ausstattet, in denen die Liebende nicht von sich und ihrem Bedürfnis her denkt, sondern von dem her, den sie liebend beglücken will. [...] Erst allmählich, im Verlauf der Ballade, treten die unvampirisch-humanen Elemente in eine Spannung zu den Triebkräften, die Goethe als typisch vampirische nutzt, um seine spezifische Auffassung von der Liebe zu vermitteln.[134]

---

[134] Schemme, Wolfgang: Goethe: Die Braut von Korinth. Von der literarischen Dignität des Vampirs. In: Wirkendes Wort. Deutsche Sprache und Forschung und Lehre. 36. Jahrgang (1986). S. 343.

Bevor sie „seines Herzens Blut" (V 179) trinkt, versucht sie sich zu zügeln und ihren vampirischen Trieb anderweitig zu befriedigen: „Gierig schlürfte sie mit blassem Munde / Nun den dunkel blutgefärbten Wein" (V 94f.). Doch das Attribut *blutgefärbt* deutet bereits auf ihre vampirischen Gelüste und deren todbringendes Verhängnis für den Jüngling hin. Dieser bot ihr ein Mahl von Brot und Wein, welches die zentralen Symbole für die Eucharistie darstellen. Doch das Weizenbrot verschmäht das Mädchen, welches in der griechischen Mythologie die Speise der Lebenden symbolisiert. Lediglich den Wein trinkt sie, welcher bei Homer für die Speise der Toten steht, und überantwortet damit ihren Geliebten dem Tode.[135] Ihr zwanghaft notwendiges Handeln, den zu zerstören, der ihre Liebe gerade erst geweckt hat, zeigt sich schließlich gegen Ende der Ballade:

> Aus dem Grabe werd' ich ausgetrieben, / Noch zu suchen das vermißte Gut, / Noch den schon verlohrnen Mann zu lieben, / Und zu saugen seines Herzens Blut.
> (V 176ff.)

Goethe führt den Blutdurst der heidnischen Mythe in eine klassisch-humane Liebeszuwendung ein, mit dem Effekt, dass diese Liebe selbst als Spannung zwischen Zuwendung und Zerstörung sowie leidenschaftlicher Erfüllung und todbringender Vernichtung zu betrachten ist. Hiermit kommt zusätzlich ein tragischer Grundton zum Ausdruck.[136]
Der Opferstatus der Braut schlägt sich in eine Täterschaft um, und diese Konstellation perpetuiert sich selbst, wenn die Wiedergängerin fortan „nach andern gehen muß" (V 181). Die Triebnatur des Mädchens wird von der christlich fanatischen Mutter unterdrückt und verdrängt, was für die Zerstörung und Pervertierung des Eros durch das Christentum steht. Laut Christian Begemann bietet sich darin eine genetische Begründung für die Entstehung des Vampirismus als Perversion. Mit dem Blut des Geliebten versucht das Vampirmädchen die Essenz des ausgetriebenen Eros und Lebens zurückzuholen.[137]
Ein Nachzehrer kann sein Opfer nach sich in den Tod ziehen, indem er etwas von ihm mitnimmt oder erhält. Das Vampirmädchen nimmt die Locke des Jünglings mit sich und bindet ihn dadurch an sich: „Deine Locke nehm ich mit mir fort. / Sieh sie an genau, / Morgen bist du grau, / Und nur braun erscheinst du wieder dort" (V 186ff.). Die braune Locke steht farbsymbolisch für das Leben, welches ihm von ihr genommen wird. Somit deuten die grauen Haare auf seinen Tod hin. Er wird zwar sterben müssen, jedoch wird er wieder braune Locken haben, sobald die vampirische Metamorphose abgeschlossen ist und sie das

---
[135] Vgl. Graham, Ilse: Goethe. Schauen und Glauben. Berlin [u.a.]: de Gruyter 1988. S. 263.
[136] Vgl. Schemme, Wolfgang: Goethe: Die Braut von Korinth. Von der literarischen Dignität des Vampirs. In: Wirkendes Wort. Deutsche Sprache und Forschung und Lehre. 36. Jahrgang (1986). S. 344.
[137] Vgl. Begemann, Christian: Die Metaphysik der Vampire. In: Dracula unbound. Kulturwissenschaftliche Lektüren des Vampirs. Hrsg. v. Christian Begemann, Britta Herrmann, Harald Neumeyer. Freiburg i. Br. [u.a.]: Rombach 2008 (= Rombach-Wissenschaften, Reihe Litterae, Bd. 163). S. 328.

„dort", womit die andere Seite – das Elysium – gemeint sein könnte, erreicht haben. Deshalb bittet sie die Mutter um einen heidnischen Feuertod, welcher das Paar erlösen und im Tod vereinen würde: „Höre Mutter nun die letzte Bitte: / Einen Scheiterhaufen schichte du, / [...] / Bring in Flammen Liebende zur Ruh. [...] / Eilen wir den alten Göttern zu" (V 190ff.). Auf die beiden wartet nicht, wie vermutet werden könnte, die Verdammnis:

> Der Olympier läßt die Liebenden nach ihrem irdischen Ableben ‚den alten Göttern zueilen'. Die heitere Welt griechischer Paganität triumphiert hier über ein lustfeindliches, düsteres Christentum, in dessen Klostermauern die Braut einst auf die Erfüllung ihrer Liebe verzichten mußte.[138]

Demzufolge hätte Goethe den düsteren und todeslastigen Stoff ins Lebensbejahende umgekehrt.

Diese positive Deutung, bei welcher der Tod die Vereinigung der Liebe darstellt, enthält weiterhin die Hervorhebung des Wertes der Gleichheit und Gleichrangigkeit der Geschlechter. Reiner Wild liest die *Braut von Korinth* als Kritik an männlicher Dominanz, da dem einen männlichen Gott der christlichen Religion eine humane Antike entgegengestellt wird, welche im Verhältnis der Göttergeschlechter frei ist.[139]

Doch eine negative Deutung lässt die Frage aufkommen, ob die antitragische Erlösungsmetapher überhaupt zutreffen kann. Die ewige Vereinigung der Liebenden, welche durch den Feuertod vollzogen werden soll, wird von der Braut als Bitte beziehungsweise Wunsch an die streng christlich-dogmatische Mutter gerichtet. Jedoch kann gemäß ihrer Charakterisierung nur schwer angenommen werden, dass sie den gewünschten heidnischen Brauch der Verbrennung überhaupt realisieren würde. Gemäß dieser These stände am Ende der Ballade nicht die Erlösung, sondern allenfalls eine illusionäre Hoffnung auf diese.[140]

Es bleibt die Frage, wie das Mädchen überhaupt zu einem *Vampir* geworden ist oder zumindest vampirische Züge annahm. Mathias Mayer ist der Ansicht, dass die Verwandlung des Mädchens eine Konsequenz der vorangegangen Vergewaltigung von „Jugend und Natur" (V 55) durch den christlichen Eid der Mutter darstellt. Goethe präsentierte die grässliche Seite des Vampirismus nicht gegenwärtig, sondern formte diesen in einen Akt der selbstzerstörerischen Liebesflamme und „Liebeswuth" (V 124) um.[141]

---

[138] Borrmann, Norbert: Vampirismus oder die Sehnsucht nach Unsterblichkeit. München: Diederichs 1998. S. 63.
[139] Vgl. Wild, Reiner: Goethes klassische Lyrik. Stuttgart [u.a.]: Metzler 1999. S. 227.
[140] Vgl. Schemme, Wolfgang: Goethe: Die Braut von Korinth. Von der literarischen Dignität des Vampirs. In: Wirkendes Wort. Deutsche Sprache und Forschung und Lehre. 36. Jahrgang (1986). S. 345.
[141] Vgl. Mayer, Mathias: Natur und Reflexion. Studien zu Goethes Lyrik. Frankfurt a. M.: Vittorio Klostermann 2009 (= Das Abendland – Neue Folge 35). S. 124.

6.3 Kontrastierende Interpretationsansätze

Goethes Ballade *Die Braut von Korinth* musste sich, wie bereits erwähnt, einer sehr widersprüchlichen Aufnahme stellen. Zeitgenössische Ansichten divergierten stark zwischen kritischer Ablehnung des Sujets und der Würdigung Goethes künstlerischer Leistung.

> Herder, der die Ballade von Schiller im Manuskript zu lesen bekommen hatte, spottete scharfsichtig über den ‚Heidenjüngling mit seiner christlichen Braut, die als Gespenst zu ihm kommt und die er, eine kalte Leiche ohne Herz, zum warmen Leben priapisiret – das sind Heldenballaden!' (an Knebel, 5.8.1797). Karl August Böttiger lobte sie, aber resümierte zugleich: ‚Während die eine Partei sie die ekelhafteste aller Bordellszenen nennt und die Entweihung des Christentums hoch aufnimmt, nennen andere sie das vollendetste aller kleinen Kunstwerke Goethes' (an Matthison 18.10.1797).[142]

Besonders die antichristliche Haltung in Verknüpfung mit einer sinnenfreudigen Sexualität stieß auf harte Kritik. In der Forschung ist diese zwar abgeklungen, jedoch trat der scheinbare Widerspruch des dunklen, mysteriösen und gespensterhaften Stoffes zu dem in der Literaturwissenschaft geschaffenem Bild eines klassizistischen, besonders auf Harmonie und Schönheit bedachten Goethe, in den Vordergrund.[143]

Goethes Vereinnahmung der Vampirmythen hatte ein Dilemma der Interpretationen zur Folge. Im Sinne Schillers habe Goethe seine *Braut von Korinth* durch einen Schaffensprozess getrieben, welcher Überkommenes nicht einfach weitergibt, sondern es zu seinem Ureigenen ausrichtet, und somit seinen trivialen Stoff an etwas Geistiges angeknüpft. So wurde das Vampirmotiv in der Literaturwissenschaft nur insoweit in Anspruch genommen, als es das Geistige nicht störte. Dies trifft insbesondere auf die geistesgeschichtliche Literaturwissenschaft zu. Entweder stellt das Vampirmotiv eine zu schmale Basis für das vermeintlich Eigentliche der Ballade dar. Oder lediglich die Rede des weiblichen Vampirs erntet Bewunderung. Innerhalb dieser Deutungen wird die Peinlichkeit der Vampirmythe durch starke Verweise auf etwas Geistiges überspielt. Lediglich Walter Hinck signalisiert mit der Betonung der „blutsaugerischen Gier des Vampirs"[144] sein Bewusstsein von der dunklen Eigenmacht der Mythe, weist sie jedoch auch aus dem Bereich des Klassischen hinaus, da „unter allen Wiedergänger-Varianten […] das Vampirmotiv gewiß die geringste künstlerische Dignität"[145] offenbart.[146]

---

[142] Goethe Handbuch. Band 1. Gedichte. Hrsg. v. Regine Otto und Bernd Witte. Stuttgart [u.a.]: Metzler 1996. S. 289.
[143] Vgl. Ebd.
[144] Hinck, Walter: Die deutsche Ballade von Bürger bis Brecht. Kritik und Versuch einer Neuorientierung. 2. Auflage. Göttingen: Vandenhoeck & Ruprecht 1968 (= Kleine Vandenhoeck-Reihe 273, Sonderband). S. 20.
[145] Ebd. S. 21.

Die meisten Ansätze deuten Goethes Werk vornehmlich als Darstellung der Opposition von sinnenfroher Antike und lustfeindlichem Christentum. So setzt Walter Müller-Seidel die Selbstbestimmung sowie die Autonomie des Menschen in den Vordergrund, was ihn zur genauen Beobachtung über die Rollen und Handlungsweisen der Elternpaare und deren Schuld veranlasst. Er hat somit zwar auf die Anklage des Menschenopfers im Zeichen der Humanität hingewiesen, lässt jedoch bei seiner Analyse die Vampirmythe vollkommen außer Acht.

Goethes Entscheidung, den Handlungsschauplatz von Tralles nach Korinth zu verlegen, gab Ilse Graham hingegen den Anstoß eine Beziehung zum 1. Korintherbrief des Paulus und dessen Geschlechtsfeindlichkeit herzustellen, die auf den Urgrund der Ballade verweise. Die Angst des Mannes vor der Frau, dem personifizierten Weiblichen als vampyrhaftes und todesträchtiges Phänomen, welche droht das Geistige zu entmannen, stellt für Graham den Urgrund der *Braut von Korinth* dar.[147]

Die sozialkritische Interpretation nahm die Funktion des Vampirmythos im Gegensatz zur geistesgeschichtlichen durchaus ernster:

> Die Affinität dieses Vampirs zu ihrem Forschungsansatz liegt offensichtlich in der ‚plebiszitären Grundlage der Konstituierung von Mythen'. So fühlt sich die sozialkritische Literaturwissenschaft für Goethes Ballade zuständig, sofern sich gerade in der bedrohlichen Vampirgestalt das ‚Aufgehren gegen natur- und menschenwidrige Verhältnisse' bzw. die ‚vergewaltigte Natur' zu Wort melde; oder genauer: sofern sich die Ballade erweise als ‚Darstellung der Perversion gesellschaftlich-ideologisch bedingter Triebunterdrückung'.[148]

Die individuelle Realität des Vampirmädchens wird oftmals übersehen, da der Mythos meist lediglich als Metapher Goethescher Gesellschaftskritik Inanspruchnahme erfährt. Ihr persönliches Leid, sowie ihre Liebeserfahrung werden nicht ernst genommen, sie ist bloßes Instrument der Gesellschaftskritik. Möglicherweise liegt der Grund dieser Reduzierung der dichterischen Aussage in der mangelnden Analyse der Zentralgestalt der Ballade. Goethe hat sein Werk sicher nicht ohne Grund ein „Vampyrisches Gedicht"[149] genannt.

---

[146] Vgl. Schemme, Wolfgang: Goethe: Die Braut von Korinth. Von der literarischen Dignität des Vampirs. In: Wirkendes Wort. Deutsche Sprache und Forschung und Lehre. 36. Jahrgang. Hrsg. v. Theodor Lewandowski [u.a.]. Düsseldorf: Schwann 1986. S. 336f.

[147] Vgl. Goethe Handbuch. Band 1. Gedichte. Hrsg. v. Regine Otto und Bernd Witte. Stuttgart [u.a.]: Metzler 1996. S. 289.

[148] Schemme, Wolfgang: Goethe: Die Braut von Korinth. Von der literarischen Dignität des Vampirs. In: Wirkendes Wort. Deutsche Sprache und Forschung und Lehre. 36. Jahrgang. Hrsg. v. Theodor Lewandowski [u.a.]. Düsseldorf: Schwann 1986. S. 337.

[149] Goethe ueber seine Dichtungen. Versuch einer Sammlung aller Aeusserungen des Dichters ueber seine poetischen Werke. Theil 3: Die lyrischen Dichtungen. Band 1. Hrsg. von Hans Gerhard Gräf. Frankfurt a. M.: Rütten & Loening 1912. S. 274f.

> Es zeigt sich also: In der geistesgeschichtlichen Analyse wird der Vampir als Zentralmotiv ignoriert bzw. lediglich als ‚altertümlich' oder allenfalls als verallgemeinerter Verweis auf den ‚Liebesanspruch, den der Tote oder die Tote einholt', ernst genommen, ohne die spezifischen Signale einzubeziehen, die die Vampirmythe zur differenzierten Deutung jener Liebeserfahrung nahelegt. – Die sozialkritisch orientierte Literaturwissenschaft dagegen, auch wenn sie das Motiv aufnimmt, reduziert die Funktion der Mythe auf deren ‚aufklärerischen, religions- und gesellschaftskritischen Impuls' […], die Vampirmythe wird hier zum Verfremdungseffekt im Akt einer dichterisch-programmatischen Gesellschaftskritik des Balladendichters Goethe […].[150]

Somit wird die Aussage der Vampirmythe in der Ballade bei beiden Ansätzen von der jeweils anderen Vorgabe reduziert: zum einen zugunsten einer klassisch-idealistischen, zum anderen zugunsten einer politisch-gesellschaftskritischen Denkungsart.

Erst in jüngeren Deutungen wie beispielsweise bei Gerhard Schulz und Wolfgang Schemme tritt das Interesse am Vampirischen der Braut stärker in den Vordergrund. Letzterer rückte den psychologischen Faktor der Liebestragödie und die feministischen Aspekte ins Zentrum.[151]

Das Unheimliche der *Braut von Korinth* verschwindet zwar hinter der stark realistischen Darstellung, da weder der Jüngling, die Mutter, noch der Leser sogleich bemerken, dass es sich bei dem Mädchen um eine Wiedergängerin aus dem Reich der Toten handelt. Doch neben der provozierenden Illustration des Liebesaktes weist die Ballade entschieden einen Bereich des Geheimnisvollen und Mythischen auf.

---

[150] Schemme, Wolfgang: Goethe: Die Braut von Korinth. Von der literarischen Dignität des Vampirs. S. 337f.
[151] Vgl. Ebd. S. 335 ff.

7. *The Vampyre* von John William Polidori oder Lord Byron?

7.1 Eine schwarzromantische Entstehungsgeschichte

Als der berühmte Schriftsteller Lord George Byron während eines Schweizer Aufenthalts im Juni 1816 erstmals mit dem Dichter Percy Bysshe Shelley zusammentraf, beschlossen beide einige Wochen im bürgerlichen Genf, genauer in der Villa Diodati am Genfer See, zu verbringen. Während Byron von seinem jungen Leibarzt John William Polidori begleitet wurde (siehe Abbildung 8), reiste Shelley mit seiner Lebensgefährtin Mary Godwin, seine spätere Frau und bekannte Romanautorin. Lord Byron wie auch Percy Shelley hatten England wegen privater Schwierigkeiten verlassen müssen und betrachteten Genf angeblich als eher ungeliebte Station ihres Exils. Polidori, der selbst große dichterische Fähigkeiten zu besitzen glaubte, reiste zwar offiziell als Arzt und Begleiter Byrons mit, hatte aber insgeheim den gutbezahlten Auftrag eines britischen Verlegers erhalten, ein Reisetagebuch über die privaten Eskapaden des berühmt-berüchtigten Aristokraten zu führen. Diese Aufgabe dürfte dem bis dahin literarisch erfolglosen Mediziner, dem in der Gruppe die Rolle des Außenseiters zukam, eine gewisse Genugtuung verschafft haben. Er war neidisch auf die literarischen und amourösen Erfolge seines Gefährten und fühlte sich durch dessen spürbare Verachtung zunehmend gekränkt.[152]

Abb. 8 **Lord Byron und sein Diener Polidori beim Verlassen ihres Bootes am Genfer See**. Druck von George Gordon. Quelle: Meurer, Hans: Die Engel der Finsternis. Freiburg 2001. S. 56.

Diese kleine Gesellschaft pflegte sich zum abendlichen Zeitvertreib unheimliche Geschichten und Balladen wie etwa *Christabel* von Samuel T. Coleridge oder Bürgers *Lenore* bei flackerndem Kerzenschein vorzulesen. Durch derartige Texte mit Wiedergängern und ähnlichen Phantasiegebilden des Volksglaubens vertraut, griff man – den späteren Berichten Mary Shelleys zufolge – den spontanen Einfall Byrons auf, jeder der Anwesenden solle eine eigene Gespenstergeschichte verfassen. Während Mary Shelley daraufhin das Konzept für den später weltbekannten Roman *Frankenstein or the modern Prometheus* (1818 veröf-

---

[152] Vgl. Pütz, Susanne: Vampire und ihre Opfer. Der Blutsauger als literarische Figur. Bielefeld: Aisthesis 1992. S. 26.

fentlicht) entwickelte, blieben die restlichen Mitglieder der Runde weniger erfolgreich.[153] Weder Percy Shelley noch Polidori kamen in ihren Bemühungen sehr weit, und auch Byron, der für seine Gruselgeschichte den Vampirstoff gewählt hatte, erging es nicht besser:

> Byrons kurzes Fragment schildert den Tod des Vampyrs Augustus Davell, einen Tod, der baldige Auferstehung aus dem Grabe ermöglicht. Der Erzähler lernt den seltsamen Mann kennen, mit dem er eine Reise durch Südeuropa und in den Orient unternimmt. Bei Ephesus erkrankt Dravell und sinkt auf einem verlassenen türkischen Friedhof zusammen. Er fordert seinem Freunde den Schwur ab, seinen Tod zu verheimlichen und ihn in einem alten Grabe zu bestatten, auf das sich ein Storch mit einer Schlange im Schnabel (der Dämon mit der unsterblichen Seele des Vampyrs) gesetzt hat. Der ahnungslose Freund soll selbst das Wiederbelebungswerk unternehmen, indem er einen geheimnisvollen Ring in die Salzquellen von Ephesus wirft und in den Ruinen des Cerestempels der kommenden Dinge harrt. Der Vampyr stirbt, sein Körper wird sofort schwarz und wird nach Wunsch begraben.[154]

Trotz seines fragmentarischen Charakters bildete Byrons Konzept erstaunlicherweise den Beginn einer literarischen „Vampirepidemie", die sich in den folgenden Jahrzehnten über ganz Europa verbreitet hat. Verantwortlich für diese Entwicklung war jedoch nicht der berühmte Romantiker selbst, sondern sein wenig angesehener Arzt und Reisebegleiter. Dieser hat, nachdem er im Herbst allein nach London zurückgekehrt ist, so großen Gefallen an der düsteren Idee des Schriftstellers gefunden, dass er beschloss eine eigene Fassung der vernommenen Geschichte niederzuschreiben. Am 1. April 1819 wurde Polidoris Erzählung *The Vampyre* ohne dessen Erlaubnis in der Zeitschrift *New Monthly Magazine* veröffentlicht. Jedoch wurde diese mit der Verfasserangabe *By the Right Honourable Lord Byron* versehen, was die Erzählung als Skizze Lord Byrons ausgab. Dies führte zu der fälschlichen Annahme, er sei der Autor dieser „ersten neuzeitlichen, reinen Vampirgeschichte."[155] Als vermeintlicher Byron-Text erfuhr die Erzählung einen außerordentlichen Erfolg, diente als Vorlage für Theaterstücke und Opern, welche in Kapitel 7.4. betrachtet werden sollen, und führte zur rasanten Verbreitung des Vampirmotivs in ganz Europa.[156] Da die Geschichte eine typische *Gothic novel* war, traf sie mit ihrem vampirhaften Sujet den damaligen Zeitgeschmack der Schwarzen Romantik.

Obwohl Polidori und Byron sich sehr früh um eine Richtigstellung hinsichtlich der Autorschaft bemüht hatten, hielt sich bei den Lesern lange Zeit hartnäckig der Glaube an Byrons Urheberschaft. Um sich von der ihm zugeschriebenen Autorschaft zu distanzieren, publi-

---

[153] Vgl. S. 26f.
[154] Hock, Stefan: Die Vampyrsagen und ihre Verwertung in der deutschen Literatur. Berlin: Duncker 1900 (= Forschungen zur neueren Literaturgeschichte 17). S. 75.
[155] Borrmann, Norbert: Vampirismus oder die Sehnsucht nach Unsterblichkeit. München: Diederichs 1998. S. 67.
[156] Vgl. Pütz, Susanne: Vampire und ihre Opfer. Der Blutsauger als literarische Figur. Bielefeld: Aisthesis 1992. S. 27.

zierte dieser sogar seinen erdachten Entwurf als *Fragment of a Novel* (1819) als ein Werk, das keinen Hinweis (mehr) auf einen Vampir enthält.[157] Und auch Goethe, der die Schriften des englischen Romantikers kannte und schätzte, erklärte *The Vampyre* trotz seiner kompositorischen Mängel als Byrons bestes Werk.[158]

7.2 Der byroneske Vampir in Polidoris Erzählung

Polidori führt den Leser mit seiner Geschichte in die vornehme englische Gesellschaft ein, in welcher ein Edelmann namens Lord Ruthven durch gewisse Absonderlichkeiten, wie „totenbleiche Schattierung"[159] und das „Aufblitzen [seines] kalten grauen Auges"[160], die allgemeine Aufmerksamkeit fesselt. Der satanische Lord interessiert sich jedoch nicht für das einfache Vergnügen der Londoner Abendgesellschaften. Sein Interesse gilt besonders den Damen, welche er mit Hilfe seines Charmes und durch seine zugleich anziehende und abstoßende Wirkung betört:

> er war ebenso oft von solchen Frauen umgeben, die durch ihre häuslichen Tugenden eine Zierde ihres Geschlechts sind, wie von solchen, die es durch ihre Laster befleckten.[161]

In diese Kreise kommt der romantische Schwärmer und jünglinghafte Aubrey, der sich rasch Lord Ruthven anschließt und ihn nach Rom begleitet. Auf dieser Reise bemerkt er jedoch zunehmend den schlechten Charakter seines Reisegefährten. Er erkennt dessen Verschwendungssucht und Lasterhaftigkeit, welche nur Unglück zu bringen scheinen. Woraufhin er Ruthven verlässt, in dem Glauben verhindert zu haben, dass der Lord ein junges Mädchen aus der italienischen Gesellschaft verführt. Er reist nach Griechenland, wo er die Antike studiert und sich in die „feenhafte"[162] Ianthe verliebt. Sie erzählt Aubrey

> die Geschichte von dem ‚Lebenden Vampyr' [...], der Jahre inmitten seiner Freunde und engsten Gefährten zugebracht hatte, gezwungen, jedes Jahr durch Zehren vom Leben eines schönen Mädchens seine Existenz für die nachfolgenden Monate zu verlängern.[163]

---

[157] Vgl. de Simine, Silke Arnold: Wiedergängerische Texte. Die intertextuelle Vernetzung des Vampirmotivs in E.T.A. Hoffmanns „Vampirismus"-Geschichte (1821). In: Poetische Wiedergänger. Deutschsprachige Vampirismus-Diskurse vom Mittelalter bis zur Gegenwart. Hrsg. von Julia Bertschik u. Christa Agnes Tuczay. Tübingen: Francke 2005. S. 143.
[158] Vgl. Goethes Unterhaltungen mit dem Kanzler Friedrich von Müller. Hrsg. von C.A.H. Burkhardt. 2. Auflage. Stuttgart: Cotta 1898. S. 51.
[159] Polidori, John William: Der Vampyr. Eine Erzählung. (Aus dem Engl. übers. v. Heiko Postma). 2. Auflage. Hannover: jmb-Verlag 2011 (= Kabinett der Phantasten 8). S. 4.
[160] Ebd. S. 3.
[161] Ebd. S. 4.
[162] Ebd. S. 15.
[163] Ebd. S. 14.

Als Aubrey diese Legende und gleichzeitige Schilderung seines ehemaligen Reisegefährten belächelt, weist sie ihn darauf hin, dass gerade die Zweifler an Vampiren auf grausame Art und Weise eines Besseren belehrt würden. Als Aubrey sich später vor einem Gewitter in eine Hütte retten will, vernimmt er die Angstschreie einer Frau und das höhnische Gelächter eines Mannes. Er eilt ihr zu Hilfe, wird aber zu Boden geworfen und lediglich durch die Dazwischenkunft von Landsleuten gerettet, während der übermenschlich starke Feind flieht. Sie finden den blutleeren Leichnam Ianthes vor, die offenbar von einem Vampir getötet worden ist:

> An ihrem Nacken und ihrer Brust war Blut, und an ihrer Kehle zeigten sich die Wundmale von Zähnen, die ihre Halsschlagader geöffnet hatten. Die Männer wiesen darauf und schrien, alle zugleich von Entsetzen gepackt: ‚Ein Vampyr! Ein Vampyr!'[164]

Aubrey erkrankt daraufhin schwer an Schuldgefühlen, wird aber von dem plötzlich auftauchenden Lord Ruthven wieder aus seiner Lethargie gerissen. Aubrey bringt Ruthven noch nicht mit dem Mord in Zusammenhang, verdrängt seine Antipathien gegen ihn und begleitet den wie umgewandelten Lord wieder auf seinen Reisen.

Einige Zeit darauf werden beide in einem Wald von Räubern angegriffen und Ruthven wird tödlich verwundet. Bevor dieser stirbt, lässt er Aubrey jedoch noch einen Eid schwören:

> schwören Sie bei allem, was Ihrer Seele heilig ist, bei allem, was Ihre Natur in Schrecken versetzt, schwören Sie, daß Sie für ein Jahr und einen Tag keinem lebenden Wesen auf irgendeine Weise Ihr Wissen von meinen Verbrechen oder von meinem Tod mitteilen werden.[165]

Gemäß einem Versprechen wurde die Leiche auf einen Berg gebracht, wo sie von den Strahlen des Mondes beschienen werden sollte, am nächsten Morgen aber findet Aubrey die Stätte leer. Auf der Reise zurück nach London erfährt er, dass die junge Frau, die Ruthven in Rom verführen wollte, gleich nach seiner Abreise spurlos verschwunden ist und ihm wird bewusst, dass der Lord ein Vampir und der Mörder des Mädchens und seiner geliebten Ianthe ist.

In England erfährt Aubrey, dass seine Schwester den Earl von Marsden ehelichen wolle und muss nach kurzer Zeit feststellen, dass dieser niemand geringerer ist als Lord Ruthven. Dessen frühere Eskapaden scheinen von der elitären Gesellschaft vollkommen vergessen zu sein. Aubrey ist entsetzt, den Totgeglaubten zu sehen und will die Ehe verbieten, aber der Lord erinnert Aubrey mehrfach eindringlich an dessen Schwur: „Denken Sie an Ihren

---

[164] Polidori, John William: Der Vampyr. Eine Erzählung. (Aus dem Engl. übers. v. Heiko Postma). 2. Auflage. Hannover: jmb-Verlag 2011 (= Kabinett der Phantasten 8). S. 19.
[165] Ebd. S. 24.

Eid."[166] Aubrey erleidet erneut einen Nervenzusammenbruch, aufgrund dessen man ihn von nun an für unzurechnungsfähig hält. Als Ruthven und Aubreys Schwester an jenem Tag, an dem der Eid endet, heiraten wollen, schreibt Aubrey seiner Schwester einen Brief, der die wahre Geschichte des Lords preisgibt. Der Brief wird aber an Aubreys Arzt übergeben, welcher diesen seiner Schwester vorenthielt, um sie nicht unnötig aufzuregen. Daraufhin verrät Aubrey seinen Vormündern das Geheimnis und stirbt. Die Vormünder wollen Aubreys Schwester retten, doch sie kommen zu spät: „Lord Ruthven war verschwunden, und Aubrey's Schwester hatte den Durst eines VAMPYRS gestillt!"[167] An dieser Stelle erfüllt sich die Prophezeiung, welche Ianthe in ihrer Legende des lebenden Vampirs schilderte.

Somit stirbt am Ende auch der Protagonist der Erzählung, allerdings nicht durch den Vampir Ruthven,

> sondern er wird ein Opfer des Textes. Aubrey platzt ein Blutgefäß, und während der Lebenssaft ausströmt, wird seine Geschichte niedergeschrieben. Im Moment dieser nekrologen Autorschaft aber ist Lord Ruthven bezeichnenderweise aus dem Text verschwunden. Zurück bleiben zwei blutleere Leichen: Aubreys Schwester, die durch Aubreys Schuld den ‚Durst eines Vampyrs'[168] gestillt hat; sowie Aubrey, dessen Leben sozusagen zu Buchstaben geronnen ist, die der nächste hungrige Leser an dieser Stelle bereits verschlungen hat.[169]

Diese Novelle tritt besonders durch den revolutionären Umstand hervor, dass sie kein gutes Ende nimmt. Der gute Aubrey stirbt, seine Schwester ist ein Opfer Lord Ruthvens, der weiter als Vampir durch die Welt streift, womit das Böse am Ende triumphiert. Bisher kannte der klassische gotische Roman noch eine wie auch immer erzwungene Versöhnung, wodurch die gesellschaftliche Ordnung in ihrer religiösen und sittlichen Norm bestätigt wurde. Als die geistliche Erlösung schon selten wurde, gab es zumindest immer noch die Instanz der Strafe.[170] Somit offenbart diese Erzählung, wie sehr die Zeit für eine künstlerische Ästhetisierung des Schrecklichen und des Horrors präpariert war. Denn in diesem Werk der Schwarzen Romantik präsentiert sich die Faszination des Schaurig-Dämonischen und Bösen besonders stark.

In Polidoris geheimnisumwitterten Helden, den er im Vergleich zu dem eher farblos dargestellten Aubrey am Ausführlichsten charakterisiert, lässt sich unschwer das Porträt Byrons

---

[166] Polidori, John William: Der Vampyr. Eine Erzählung. (Aus dem Engl. übers. v. Heiko Postma). 2. Auflage. Hannover: jmb-Verlag 2011 (= Kabinett der Phantasten 8)..S. 29.
[167] Ebd. S. 37.
[168] Mit dem graphisch hervorgehobenen Wort – oder der Buchstabenreihe – „Vampyr" endet der Text.
[169] Herrmann, Britta: Buchstaben sind Vampire. Zur Poetik des Untoten (Herder, Hoffmann, Eichendorff). In: Dracula unbound. Kulturwissenschaftliche Lektüren des Vampirs. Hrsg. v. Christian Begemann, Britta Herrmann, Harald Neumeyer. Freiburg i. Br. [u.a.]: Rombach 2008 (= Rombach-Wissenschaften, Reihe Litterae, Bd. 163). S. 153f.
[170] Vgl. Von denen Vampiren oder Menschensaugern. Dichtungen und Dokumente. Hrsg. von Dieter Sturm u. Klaus Völker. Frankfurt a.M.: Suhrkamp 2003 (= Phantastische Bibliothek, Band 306). S. 549.

erkennen. Denn den Namen *Lord Ruthven*[171] nutze bereits Lady Caroline Lamb in ihrem Roman *Glenarvon* (1816), um Byron satirisch zu darzustellen.

> Durch die Legenden, die Byrons Person noch zu seinen Lebzeiten umgaben, wurde er als Prototyp des Vampirs gesehen. Ruthvens Reisebegleiter Aubrey dagegen war eine idealisierte Version Polidoris selbst. Die Geschichte kann als ‚Schlüsselroman' gelesen werden und weist etliche Parallelen zur gemeinsamen Reise auf dem Kontinent und zu Byrons Vorgeschichte auf.[172]

Somit liegt es durchaus nahe, die Verbindung des romantischen Schwärmers Aubrey zu dem eleganten Schurken Ruthven als Reflex auf das Verhältnis Polidoris zu Byron zu deuten.

Die Figur des Lord Ruthven tritt in der Erzählung als Vertreter des klassisch männlichen Vampirbildes heraus, da er Polidoris Variante des *gothic villain* darstellt. Er ist ein Verführer, der Grund seiner Verdammnis ist unbekannt, er ist ein grausamer Genießer und als Aristokrat gehört er überdies einer sogenannten Ausbeuterklasse an, was eine soziologische Komponente der Blutsaugerei anklingen lässt. Damit bildet diese literarische Vampirfigur der Romantik den Vorgänger des berühmtesten männlichen Revenants der gotisch-vampirischen Ahnenreihe, die sich durch aristokratische Eleganz, erotische Ausstrahlung und vampirische Verworfenheit auszeichnet. Gemeint ist an dieser Stelle natürlich der schwarze Held des berühmtesten Vampirromans des 19. Jahrhunderts: Graf Dracula.[173]

7.3 Der Vampir als gesellschaftskritisches Instrument

Nicht nur die Autoren von *Dracula* und *Varney the Vampyre* verknüpften die Vampirgestalt mit gesellschaftsspezifischen Themen, indem sie die politische und soziale Situation ihrer Zeit problematisierten. Auch John William Polidori räumte dieser Sinnschicht des Motivs einen gewissen Stellenwert ein. Seine Erzählung *The Vampyre* bietet eine polemische und sozialkritisch interpretierbare Darstellung des aristokratischen Standes.[174] Die Moral der beschriebenen Gesellschaftsschicht wird aufgrund bestimmter Denk- und Verhaltensweisen als höchst fragwürdig charakterisiert. Dieses Defizit lässt die Angehörigen der elitären Gesellschaft zu prädestinierten Opfern des blutrünstigen Ungeheuers

---

[171] Vgl. Lamb, Caroline: Glenarvon. Editet by Deborah Lutz. Kansas City: Valancourt Books 2007. S. 7.
[172] de Simine, Silke Arnold: Wiedergängerische Texte. Die intertextuelle Vernetzung des Vampirmotivs in E.T.A. Hoffmanns „Vampirismus"-Geschichte (1821). In: Poetische Wiedergänger. Deutschsprachige Vampirismus-Diskurse vom Mittelalter bis zur Gegenwart. Hrsg. von Julia Bertschik u. Christa Agnes Tuczay. Tübingen: Francke 2005. S. 144.
[173] Vgl. Borrmann, Norbert: Vampirismus oder die Sehnsucht nach Unsterblichkeit. München: Diederichs 1998. S. 70.
[174] Die Handlung der Erzählung ist nicht zufällig in den aristokratischen Kreisen Londons oder anderer europäischer Großstädte, wie Rom oder Athen, angesiedelt.

namens Lord Ruthven werden, welcher als Tod und Verderben bringender Vertreter des Bösen fungiert.[175]

Bereits das Schicksal des jungen Edelmanns Aubrey veranschaulicht den kausalen Zusammenhang zwischen ethischem Verfall einerseits und tödlichem Unheil andererseits. Er wird zu Beginn des fiktiven Geschehens als verträumter und weltfremder Mann eingeführt, der den Anforderungen des Lebens nicht gewachsen zu sein scheint. Die Ursache dieser Schwäche sieht der auktoriale Erzähler in der ausschließlichen Lektüre romantisierender und verklärter Lektüre, welche Aubrey ein falsches Weltbild vermittelten, das keineswegs mit der Wirklichkeit übereinstimmt:

> Er glaubte, alle müßten die Tugend lieben, und dachte, das Laster wäre von der Vorsehung (wie's Autoren in ihren Romanen tun) allein um des malerischen Effekts der Szene willen hinzugefügt worden. Er meinte, das Elend in den Hütten bestünde allein im Stoff der Kleider, die genauso warm seien, womöglich gar wärmer als die dünnen bloßen Fetzen in den Salons, nur daß sie eben ihrer ungleichmäßigen Falten und verschiedenfarbiger Flicken wegen dem Auge des Malers gefälliger wären. Kurz gesagt: Er glaubte, die Träume der Poeten seien die Realitäten des Lebens.[176]

Der Protagonist stößt zwar in dem gesellschaftlichen Leben auf zahlreiche Diskrepanzen zwischen der dort erfahrbaren Realität und den Gebilden seiner Phantasie, zieht daraus jedoch die falschen Konsequenzen. Anstatt seine romanhaften Vorstellungen zu korrigieren, passt er die Objekte in seinem Umfeld einfach an seine romantischen Träumereien an, was ihn natürlich zu einem vorherbestimmten Opfer des Vampirs werden lässt. Als er Ruthvens rätselhafte Persönlichkeit nicht in seine literarisch geprägte Weltsicht einzuordnen weiß, wandelt „er diese Gestalt in den Helden eines Romans um und fixierte sich darauf, dies Geschöpf seiner Einbildung mehr zu beachten als die Person, die er vor sich hatte."[177] Demzufolge war Aubrey blind für all die Merkmale, welche die wahre Natur des Unheil bringenden Lords verraten hätten. Als er im Verlauf des Geschehens seine Fehleinschätzung erkennt, ist es jedoch längst zu spät. Der Revenant hat bereits genügend Macht und Einfluss über den unerfahrenen Mann gewonnen, als dass dieser sich noch aus dessen Fängen hätte befreien können.[178]

Doch Polidoris Novelle zeigt nicht nur an Aubreys Beispiel die unauflösliche Verbundenheit von Fehlverhalten und Unheil. Bei ihm lag die Ursache des Untergangs in seiner Realitätsferne und Ignoranz realen Gegebenheiten gegenüber. Im Falle anderer Personen be-

---

[175] Vgl. Pütz, Susanne: Vampire und ihre Opfer. Der Blutsauger als literarische Figur. Bielefeld: Aisthesis 1992. S. 132.
[176] Polidori, John William: Der Vampyr. Eine Erzählung. (Aus dem Engl. übers. v. Heiko Postma). 2. Auflage. Hannover: jmb-Verlag 2011 (= Kabinett der Phantasten 8). S. 5.
[177] Ebd. S. 6.
[178] Vgl. Pütz, Susanne: Vampire und ihre Opfer. Der Blutsauger als literarische Figur. Bielefeld: Aisthesis 1992. S. 133.

dingt der Verlust moralischer Wertkategorien ihr Unglück. So decken die Beschreibungen der gesellschaftlichen Mitglieder ausschließlich negative Charakterzüge auf: während sich männliche Vertreter durch Geldverschwendung auszeichnen, werden die Frauen als berechnend und scheinheilig geschildert:

> [Aubrey] war ansehnlich, offenherzig und reich: Aus diesen Gründen umkreisten ihn bei seinem Eintritt in die leichtlebigen Zirkel viele Mütter, wetteifernd, wer ihre schmachtenden oder tollenden Lieblinge mit dem geringsten Grad an Wahrheit beschreiben würde. Zur gleichen Zeit verleiteten ihn viele Töchter durch ihre aufleuchtenden Gesichtszüge, sobald er sich näherte, und ihre funkelnden Augen, sobald er die Lippen öffnete, rasch zu falschen Einschätzungen seiner Talente und Verdienste.[179]

Der zutage tretende sittliche Verfall sticht umso deutlicher hervor, als die Erzählung dem so scharf kritisierten Aristokraten Aubreys Schwester und die Athenerin Ianthe entgegenstellt, die das Ideal eines unanfechtbaren Charakters verkörpern sollen. Denn Ianthe weiß bereits um die Existenz blutrünstiger Ungeheuer und versucht sich davor zu schützen. Doch die „tonangebenden Kreise"[180] lassen diese Weitsicht nicht walten und laden das Böse in der Person Ruthvens sogar noch zu sich ein, wodurch der Sieg der teuflischen Mächte begünstigt wird. Obwohl manche bei der Begegnung mit dem Lord ein Gefühl des Schauderns oder der Beklemmung erleben, ziehen sie sich nicht etwa zurück, sondern sehen in dieser unheimlichen Person ein willkommenes Instrument, ihre Langeweile zu vertreiben und ihre Gier nach Sensation zu stillen:

> Seine Absonderlichkeiten bewirkten, daß er in jedes Haus eingeladen wurde; alle wünschten ihn zu sehen, und solche, die an heftige Aufregungen gewöhnt waren und nun das Gewicht des *Ennui* spürten, waren erfreut, etwas um sich zu haben, das imstande war, ihre Aufmerksamkeit zu fesseln.[181]

Doch diese unbedachten Verhaltensweisen bringen verheerende Folgen mit sich. All jene, die die Gesellschaft des mysteriösen Lord suchen, erfahren bald eine Verschlechterung ihres Zustandes.[182] Auch die römische Familie verliert, nach dem Kontakt mit Ruthven, nicht nur ihr Vermögen, sondern auch die Tochter.[183] Diese Figuren zeigen noch deutlicher als der Fall des weltfremden Aubrey auf, dass Tod und Verderben nicht ohne Ursache um sich greifen und als gerechte Konsequenz des eigenen Vergehens verstanden werden können. Doch das unmoralische Handeln der elitären Kreise bedingt nicht nur den Niedergang der sittlich verwerflichen Personen selbst, sondern ist darüber hinaus auch oftmals für das Unglück unschuldiger Menschen verantwortlich. Insofern ist Aubreys verhängnisvolle

---

[179] Polidori, John William: Der Vampyr. Eine Erzählung. (Aus dem Engl. übers. v. Heiko Postma). 2. Auflage. Hannover: jmb-Verlag 2011 (= Kabinett der Phantasten 8). S. 5.
[180] Ebd. S. 3.
[181] Ebd.
[182] Vgl. Ebd. S. 8.
[183] Vgl. Ebd. S. 26f.

Naivität auch auf die fehlende ethische Erziehung seiner Vormünder zurückzuführen, wodurch diese eine Mitschuld an dem resultierenden Unheil tragen. Gleichfalls kann der Tod von Aubreys Schwester und der jungen Ianthe nicht als zwangsläufige Folge falscher Denk- und Handlungsweisen interpretiert werden. Sie fielen dem blutrünstigen Vampir zum Opfer, ohne dass sie jemals ein strafbares Vergehen begangen hätten. Sie bezahlten allein für Aubreys Fehler, sich mit dem bösen Lord eingelassen zu haben.[184]

Die Novelle suggeriert somit, dass die Existenz Verderben bringender Mächte der aristokratischen Gesellschaftsschicht zu verdanken ist. Die dort mangelnde Moral schadet nicht nur der eigenen Person, sondern auch Unschuldigen und verhilft dem Übel somit zur Herrschaft über die Welt. Die tragische Bedeutung des ethischen Verfalls ist insofern besonders gravierend, als es keine Möglichkeit gibt, den Vampir zu vernichten und somit die Ausbreitung des Bösen aufzuhalten. Denn sobald Ruthven am Ende die englische Gesellschaft siegreich verlässt, hat das Böse triumphiert.[185]

Trotz der Verkörperung unheilvoller Kräfte übt der Vampir Ruthven die Funktion „eines strafenden, freilich nicht autorisierten Racheengels des göttlichen Richters aus."[186] Auf die moralisierende Bedeutung, die der Vampirfigur in Polidoris Erzählung zukommt, wird in verschiedenen Textpassagen explizit verwiesen. So macht der Erzähler auf die Eigenart des Lords aufmerksam, Bettler, Vagabunden, Müßiggänger oder Spieler mit Präsenten zu überhäufen, die nach kurzer Zeit eine verheerende Wirkung zeigten:

> All jene, denen [die Wohltätigkeit seiner Lordschaft] zuteil wurde, erfuhren unausweichlich, daß da ein Fluch auf ihr lag, denn sie alle wurden entweder aufs Schafott geführt oder sanken ab in das tiefste und äußerste Elend.[187]

Die keineswegs willkürliche Auswahl der Beschenkten belegt den Umstand, dass dieses Vorgehen nicht allein aus dem satanisch-boshaften Charakter des Lords hervorgeht. Ruthven lässt sogar eine gewisse Bedachtsamkeit erkennen, da nicht jeder, der eine Verbindung zu ihm wünscht, mit seinem Fluch beladen wird. Indem er anfangs den Kontakt zu den wenigen tugendhaften Damen der Gesellschaft zu vermeiden sucht, so zeigt dies, dass der Lord versucht, die integeren Charaktere von seinen Vernichtungstaten auszuschließen. Wenn Ruthven die genannten Bettler und Vagabunden ins Unheil stürzt, so geschieht dies

---

[184] Vgl. Pütz, Susanne: Vampire und ihre Opfer. Der Blutsauger als literarische Figur. Bielefeld: Aisthesis 1992. S. 135f.
[185] Vgl. Ebd. S. 136.
[186] Ebd. S. 136f.
[187] Polidori, John William: Der Vampyr. Eine Erzählung. (Aus dem Engl. übers. v. Heiko Postma). 2. Auflage. Hannover: jmb-Verlag 2011 (= Kabinett der Phantasten 8). S. 8.

nicht blutsaugenderweise, sondern durch seine Fähigkeit, Personen mit einem Fluch zu belegen und damit zu zerstören.[188]

Polidori bezieht zwar einige Inhalte des Vampirmotivs, wie etwa die erotische Komponente in seine Novelle mit ein, verzichtet jedoch darauf, typische Charakteristika der Figur in der Auseinandersetzung mit den gesellschaftlichen Zuständen bildhaft einzusetzen. Als strafender Racheengel agiert Lord Ruthven sogar in vampiruntypischer Weise. Somit ist der Revenant in dieser besonderen Rolle durch andere Erscheinungen, wie zum Beispiel durch eine alttestamentarische Satansfigur, durchaus ersetzbar.

7.4 Der Vampir in der romantischen Oper

Im Jahre 1820 faszinierte die Figur des Vampirs nicht länger allein Ärzte, Wissenschaftler, Geistliche oder Literaten, sondern avancierte zu einer höchst populären Bühnenfigur. Charles Nodier adaptierte unter Mitarbeit von Pierre F. A. Carmouche Polidoris Erzählung *The Vampyre* für das Pariser Théâtre de la Porte Saint-Martin, wo *Le Vampire* mit der Musik von Louis A. Piccini am 13. Juni 1820 uraufgeführt wurde.[189] Die Autoren vereinheitlichten den bei Polidori häufig wechselnden Schauplatz und verlegten ihn nach Schottland. Des Weiteren ließen sie das Geschehen innerhalb von 24 Stunden ablaufen und eliminierten den tragischen Ausgang der Geschichte. Dieses Stück wurde noch im gleichen Jahr unter dem Titel *The Vampire or the Bride oft he Isles* (Uraufführung 1820) ins Englische übersetzt. Darin tragen die Bühnenvampire zwei wesentliche Charakteristika, welche sie Polidoris Ezählung verdanken: die Wirkung auf Frauen und seine Wiederbelebung durch das Mondlicht. Doch im Unterschied zur Novelle lassen die Dramen den Protagonisten zunehmend ambivalent erscheinen: aus dem faszinierenden kalten Dämon wird der dämonische Verdammte, dessen angedeutetes Leiden sogar menschliche Anteilnahme herausfordert.[190]

---

[188] Vgl. Pütz, Susanne: Vampire und ihre Opfer. Der Blutsauger als literarische Figur. Bielefeld: Aisthesis 1992. S. 137f.
[189] Das vermutlich erste Bühnenstück mit einer Vampir-Thematik ist die Opera buffa *I vampiri* von Silvestro di Palma nach einem Libretto von Giuseppe Palomba, die 1812 am Teatro nuovo in Neapel herauskam. Sie basiert auf der 1744 erstmals erschienenen *Dissertazione sopra i Vampiri* von Giuseppe Davanzati. Vgl. Linhardt, Marion: Ruthven's Song. Der Vampir in Mélodrame, Melodrama und romantische Oper. In: Dracula unbound. Kulturwissenschaftliche Lektüren des Vampirs. Hrsg. v. Christian Begemann, Britta Herrmann, Harald Neumeyer. Freiburg i. Br. [u.a.]: Rombach 2008 (= Rombach-Wissenschaften, Reihe Litterae, Bd. 163). S. 213.
[190] Vgl. Lichtblau, Karin: "Und der Verdammte bist du allein!" Vampire in der deutschen Oper. In: Poetische Wiedergänger. Deutschsprachige Vampirismus-Diskurse vom Mittelalter bis zur Gegenwart. Hrsg. von Julia Bertschik u. Christa Agnes Tuczay. Tübingen: Francke 2005. S. 154.

Die Bühnenfassung von Charles Nodier, der ebenfalls als Autor von Gespenstergeschichten hervortrat, sollte jedoch nicht die Einzige gewesen sein. Polidoris Erzählung liegt neben anderen Theaterparodien beispielsweise auch der *comédie-vaudeville* Eugène Scribes (*Le Vampire*) zugrunde. Sie persiflierte darin die Vampirthematik und bietet mit ihrem Stück, das nach dem Original aufgeführt wurde, die Vorlage der ersten Oper mit diesem Erzählstoff: *Le Vampire* von Martin J. Mengal (Uraufführung 1826 in Ghent).[191]
Ebenso gab es auch deutschsprachige Adaptionen der Erzählung, wie Heinrich L. Ritters romantisches Schauspiel (mit Musik) *Der Vampir, oder die Todten-Braut*, eine in weiten Teilen wörtliche Übersetzung von *Le Vampire*, die 1821 am Karlsruher Hoftheater herauskam. Die 1828 uraufgeführte romantische Oper *Der Vampyr* des Komponisten Heinrich Marschner (siehe Abbildung 9) und seinem Librettisten Wilhelm A. Wohlbrück (Sächsisches Hoftheater Leipzig) stellt eine der berühmtesten Adaptionen dar. Ein weiteres Beispiel

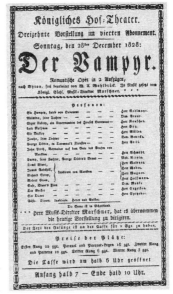

Abb. 9 **Plakat zu Heinrich Marschners romantischer Oper** *Der Vampyr* **1828.**
Quelle: Borrmann, Norbert: Vampirismus oder die Sehnsucht nach Unsterblichkeit. 1998. S. 261.

wäre *Der Vampyr* von Peter J. von Lindpaintner und Cäsar M. Heigel (Hoftheater Stuttgart), die schließlich innerhalb eines weitgehend fixierten dramatischen Rahmens frei über das von Byron, Polidori und Nodier exponierte thematische Material verfügten und es mit anderen Motiv-komplexen überblendeten.[192]
Bei Marschners Oper wurde Polidoris Erzählung ebenfalls nach Schottland verlegt und gleichzeitig stark abgewandelt:

---

[191] Vgl. Lichtblau, Karin: "Und der Verdammte bist du allein!" Vampire in der deutschen Oper. In: Poetische Wiedergänger. Deutschsprachige Vampirismus-Diskurse vom Mittelalter bis zur Gegenwart. Hrsg. von Julia Bertschik u. Christa Agnes Tuczay. Tübingen: Francke 2005. S. 154f.
[192] Vgl. Linhardt, Marion: Ruthven's Song. Der Vampir in Mélodrame, Melodrama und romantische Oper. In: Dracula unbound. Kulturwissenschaftliche Lektüren des Vampirs. Hrsg. v. Christian Begemann, Britta Herrmann, Harald Neumeyer. Freiburg i. Br. [u.a.]: Rombach 2008 (= Rombach-Wissenschaften, Reihe Litterae, Bd. 163). S. 215f.

> Der böse Held, Lord Ruthven, muß, um sich ein weiteres Jahr seine vampirische Existenz zu sichern, der Hölle drei Jungfrauen liefern. Zweimal glückt ihm dies, und so schmettert er triumphierend ‚Mit neuem Mut druchglüht mich ihr Blut'…Das dritte Mädchen jedoch entgeht dem Verderben, der böse Lord wird vom Blitz erschlagen, und so kommt das Liebespaar, im Gegensatz zu demjenigen in der Novelle, in den Genuß eines Happy-End.[193]

Des Weiteren brachten die musikdramatischen Techniken der romantischen Oper gegenüber den kompositorischen Standards des 18. Jahrhunderts gewisse Modernisierungen mit sich. So präsentierten Arien nun nicht mehr abgegrenzte Affekte, sondern ermöglichten durch einen freien Übergang zu rezitativischen Passagen vielschichtige Charakterzeichnungen. Umfangreiche Ensembles vermochten es, den Zeitablauf quasi still zu stellen und unterschiedliche Positionen und Gefühlslagen zu konfrontieren. Das Orchester diente schließlich nicht in erster Linie der Begleitung der Singstimme, sondern wurde zum eigenständigen Ausdrucks- und Informationsträger, dem Funktionen wie Kommentar und Erläuterungen zufielen. Erst diese Techniken lieferten die Voraussetzungen für die wichtigsten Innovationen, die Marschners und Wohlbrücks *Vampyr* auszeichnen, nämlich die breite Entfaltung der Innenperspektive des Vampirs. Seine Geschichte wird während des Handlungsverlaufs schrittweise enthüllt und gleichzeitig etabliert sich eine Grundspannung zwischen Himmel und Hölle, die die Position des Vampirs und die seiner Opfer definiert. An dieser Stelle kommen zwei charakteristische Momente der romantischen Oper zum Tragen: das aufkommende Interesse an der Zergliederung des Seelenlebens und die richtungsweisende Ausstellung christlicher Frömmigkeit.[194]

---

[193] [Art.] Oper. In: Bunson, Matthew: Das Buch der Vampire. Von Dracula, Untoten und anderen Fürsten der Finsternis. Ein Lexikon. München: Heyne 2001. S. 196.
[194] Vgl. Linhardt, Marion: Ruthven's Song. Der Vampir in Mélodrame, Melodrama und romantische Oper. In: Dracula unbound. Kulturwissenschaftliche Lektüren des Vampirs. Hrsg. v. Christian Begemann, Britta Herrmann, Harald Neumeyer. Freiburg i. Br. [u.a.]: Rombach 2008 (= Rombach-Wissenschaften, Reihe Litterae, Bd. 163). S. 233.

8. Der *Upyr* von Alexej Konstantinowitsch Tolstoi

Neben Goethe[195] und Polidori standen auch einige Werke des Grafen Alexej Konstantinowitsch Tolstoi, der die realistische Tendenzliteratur seiner Zeit ablehnte, unter dem Einfluss der Romantik und der slawischen Volksmythen. Das Sujet des Vampirismus griff der russische Dichter besonders in seinen beiden Erzählungen *Upyr* (1841) und *La famille de vourdalak* (1847) auf.[196] Seine erste Vampirerzählung erschien einstweilen sogar noch unter dem Pseudonym Krasnorogskij in St. Petersburg. Diese phantastische Novelle verfasste er im Stil E.T.A. Hoffmanns.[197]

Die literarische Tradition des Vampirismus war zur Entstehungszeit von *La famille de vourdalak* und *Upyr* noch relativ jung. Das Motiv fand in Russland zuerst durch Puškins *Lieder der Westslaven* (1834) Verbreitung, wobei diese mit dem Vampirismus verbundenen Texte (*Marko Jakubovič* und *Vurdalak*) Nachdichtungen aus Mérimées Sammlung *La Guzla* (1827) darstellen.[198]

Bei *Upyr* handelt es sich um eine „verschachtelte[n] Geschichte von Vampiren"[199] mit lebendig werdenden Porträts, Spukhäusern und mythologischen Wesen, doch innerhalb der fiktionalen Erzählung wird nichts von all dem eindeutig als real oder als Produkt der Einbildung von den Figuren gekennzeichnet. Die Er-Erzählung, welche auf ein Rahmengeschehen verzichtet, setzt in Moskau ein und spielt in ihrem Handlungsstrang im zeitgenössischen Russland.[200] Auf einem Ball begegnet der Protagonist, der junge Adlige Runewski, einem ebenfalls jungen, „doch blaß und fast ganz ergraut[em]"[201] Mann namens Rybarenko, der behauptet, im Raum befänden sich Vampire: „ich finde es [...] merkwürdig, heute auf dem Ball Vampire zu sehen!"[202] Und zwar soll es sich bei der Obristenwitwe

---

[195] A. K. Tolstoi übersetzte im Jahre 1867 Goethes *Braut von Korinth* in Weimar ins Russische. Vgl. Göbler, Frank: Das Werk Aleksej Konstantinovič Tolstojs. München: Verlag Otto Sagner in Kommission 1992 (= Arbeiten und Texte zur Slavistik 53). S. 87f.
[196] Vgl. [Art.] Tolstoj, Graf Alexej Konstantinowitsch. In: Bunson, Matthew: Das Buch der Vampire. Von Dracula, Untoten und anderen Fürsten der Finsternis. Ein Lexikon. München: Heyne 2001. S. 264.
[197] Vgl. [Art.] Tolstoi. In: Harenbergs Lexikon der Weltliteratur. Autoren – Werke – Begriffe. Band 5: San – Z. 2. Auflage. Dortmund: Harenberg Lexikon-Verlag 1989. S. 2860.
[198] Vgl. Göbler, Frank: Das Werk Aleksej Konstantinovič Tolstojs. München: Verlag Otto Sagner in Kommission 1992 (= Arbeiten und Texte zur Slavistik 53). S. 88.
[199] Ebd. S. 33.
[200] Jedoch werden im Text keine Anhaltspunkte für eine genauere Bestimmung der zeitlichen Situierung gegeben.
[201] Tolstoi, Alexej K.: Der Vampir. (Aus dem Russ. übers. v. Werner Creutziger). Berlin/ Weimar: Aufbau-Verlag 1972 (= BB 239). S. 7.
[202] Ebd.

Sugrobina und dem Staatsrat Teljajew angeblich um Vampire[203] handeln und ihr nächstes Opfer sei die hübsche Enkelin der Witwe, Dascha. Diese fordert Runewski zum Tanz auf und stellt ihn ihrer Familie vor, wobei er von der alten Sugrobina erfährt, Rybarenko sei seit einem Auslandsaufenthalt geistesgestört: „dem Ärmsten [hat sich] der Geist verwirrt, vor drei Jahren schon."[204] Runewski beginnt schließlich in der Familie zu verkehren und um Dascha zu werben.

Während einer Einladung auf ein Sommerhaus außerhalb Moskaus wird bei einem Wahrsagespiel aus einem alten Balladenbuch[205] der Ausschnitt: „Die Großmutter sauge der Enkelin Blut."[206] vorgelesen. Diese Weissagung deckt sich mit Rybarenkos Andeutungen von den blutsaugerischen Absichten der Witwe Sugrobina.

Als jener sich nachts in der Villa zur Ruhe legt, glaubt er Daschas Vorfahrin, Praskowja Andrejewna, genauer ihr zum Leben erwachtes Porträt zu sehen. Diese war zu Lebzeiten, wie er von einem Diener erfährt, mit einem mysteriösen Ausländer verlobt gewesen, der kurz vor der Hochzeit spurlos verschwand, woraufhin Praskowja wenig später vor Kummer starb („Damals behaupteten sogar manche, sie habe Gift genommen."[207]) Sie verlangt von ihm, sich mit ihrem Bildnis zu verloben, so wie es auch in der weissagenden Ballade steht: „Bis endlich das Bildnis sich vermählt / Und die Braut steigt aus dem Grabe."[208]

Wieder in Moskau erfährt Runewski von Rybarenko die dargebotene Geschichte seiner grauenhaften Erlebnisse in Italien, in Form einer eingelagerten Erzählung. Diese gehen aus von einem geheimnisumwobenen „Teufelshaus"[209], das – wie sich später herausstellt – einmal dem Verlobten Prakowja Andrejewnas gehörte, einem gewissenlosen Brotspekulanten namens Don Pietro d'Urgina.

---

[203] Die slavische Bezeichnung von Vampir lautet *Upyr*. Vgl. Wörterbuch der Mythologie. Hrsg. v. Hans Wilhelm Haussig. Abt. 1: Die alten Kulturvölker. Band 2: Götter und Mythen im Alten Europa. Stuttgart: Klett-Cotta 1973. S. 198.
[204] Tolstoi, Alexej K.: Der Vampir. (Aus dem Russ. übers. v. Werner Creutziger). Berlin/ Weimar: Aufbau-Verlag 1972 (= BB 239). S. 14.
[205] Tolstoi arbeitete in seine Erzählung die von ihm verfasste Ballade *Wie der Uhu die Fledermaus fing* (1841) ein, die für die Erklärung der Geschehenszusammenhänge eine Schlüsselrolle einnimmt. Sie beschreibt ein reales Mordgeschehen und weist eine Doppeldeutigkeit von natürlicher und phantastischer Deutung auf, die sich erst durch den Kontext ergibt. Vgl. Göbler, Frank: Das Werk Aleksej Konstantinovič Tolstojs. München: Verlag Otto Sagner in Kommission 1992 (= Arbeiten und Texte zur Slavistik 53). S. 255.
[206] Ebd. S. 21.
[207] Ebd. S. 33.
[208] Ebd. S. 22.
[209] Ebd. S. 38.

> In der Stadt ging seit langem das Gerücht um, er habe seine Seele dem Teufel verschrieben und der Teufel habe ihm dafür eine Steintafel mit kabbalistischen Zeichen überlassen; die Tafel, so hieß es, verschaffe ihm alle irdischen Genüsse, solange sie heil sei. Würde sie aber zerbrochen, so verlöre sie ihre magische Kraft, und der Teufel erhielte nach dem Pakt das Recht, Don Pietros Seele zu holen.[210]

Don Pietro verschwand irgendwann spurlos aus Russland, der Grund dafür war, dass die Steintafel zerbrach und er tatsächlich vom Teufel geholt wurde. Jedoch behauptete sein Sohn, er sei gestorben und ließ einen leeren Sarg beerdigen, um lästige Gerüchte zu vermeiden.

Rybarenko verbringt als Mutprobe mit zwei Freunden, Wladimir und Antonio, eine Nacht in dem Haus, in welcher sie entsetzliche Visionen haben. Bevor sie jedoch zu dem Haus gelangen, verletzt sich Antonio am Kopf und wird von einer jungen Italienerin namens Peppina versorgt. Rybarenko träumt anschließend von einem Räuber des 17. Jahrhunderts und dessen schöner Schwester Peppina (oder einem „Freskenweib"[211]), welcher er einen leidenschaftlichen Kuss gibt. Antonio fühlt sich nachts in einen Traum voller mythologischer Wesen versetzt, und soll an Stelle des Paris das Urteil über die Schönheit dreier Göttinnen, darunter die Venus, fällen. Auch er empfängt einen leidenschaftlichen Kuss von der Göttin Juno (oder Peppina):

> Sie umschlang mich mit ihren liebreizenden Armen und preßte leidenschaftlich ihre rosigen Lippen an meinen Hals. Im gleichen Augenblick fühlte ich an dieser Stelle einen heftigen Schmerz, der jedoch sofort verging.[212]

Wladimir hingegen sieht sich in seinem Alptraum Antonio erschießen, da er ihn für eine schreckliche Spukgestalt hält. Er berichtet weiterhin, dass dieser ihn bat, „sich zum letztenmal mit ihm zu küssen"[213], tat dies jedoch nicht, da ihn etwas in Antonios Blick erschreckte.

Rybarenko bemerkt am anderen Morgen, dass er und Antonio am Hals eine Wunde tragen und sich beide schwach fühlen. Bald darauf verstirbt Antonio schließlich an Erschöpfung.

Noch bevor Runewski Dascha ehelichen kann, kommt es zu einem Duell mit jenem Wladimir Sorin (dem Freund Rybarenkos), der ein Cousin Daschas ist und dem man eingeredet hat, Runewski habe bereits seiner wenig anziehenden Schwester Sofja Karpowna die Ehe versprochen. Runewski wird bei dem Duell schwer verwundet und liegt wochenlang im Fieber. Unterdessen erkrankt auch Dascha, während ihre Großmutter Sugrobina unerwartet stirbt. In seinen Fieberträumen erfüllt Runewski die Weissagung der Ballade und vermählt

---

[210] Göbler, Frank: Das Werk Aleksej Konstantinovič Tolstojs. München: Verlag Otto Sagner in Kommission 1992 (= Arbeiten und Texte zur Slavistik 53). S. 42.
[211] Ebd. S. 52.
[212] Ebd. S. 62.
[213] Ebd. S. 64.

sich mit Prakowjas Porträt, womit angeblich der Fluch von Haus und Familie genommen würde. Rybarenko, der – wie sich herausstellt – der illegitime Sohn der Obristin ist, nimmt sich das Leben und Runewski und Dascha heiraten schließlich nach deren Genesung. Auch Sofja heiratet und Teljajew, der verdächtigt wird, ein Vampir zu sein, wird nicht mehr ins Haus gelassen. Runewski entdeckt an Daschas Hals eine kleine Narbe. Sie meint, sie habe sich wohl mit etwas gestochen, da ihr ganzes Kissen voller Blut war. Dies war „in der Nacht als die Großmutter starb."[214] Am Ende der Erzählung wird angedeutet, dass Daschas Kinderfrau Kleopatra Plantonowna ihren Schützling wohl vor der vampirischen Großmutter gerettet hat, da sie die Steintafel zerschlug und somit Sugrobinas Seele dem Teufel übergab.

8.1 Analyse des Vampirischen und Unheimlichen in Tolstois Upyr

Tolstois Revenants fungieren in erster Linie als Figuren, deren Existenz dem Leser ein "wohliges Unbehagen"[215] bereiten soll. Die Vampirgeschöpfe[216] in *Upyr* beschwören beklemmende Momente herauf, ohne dass sich der Autor der motiveigenen Schauerelemente bedient, er scheint im Gegenteil bewusst darauf verzichten zu wollen. Dies wird zunächst durch das optische Erscheinungsbild der agierenden Blutsauger belegt, denn weder die Obristin Sugrobina und ihr Bekannter Telajew, noch die junge Italienerin Peppina sind durch ein graueneinflößendes Aussehen gekennzeichnet. Die Großmutter wird als freundliche Frau eingeführt und erweckt schließlich bei dem Protagonisten Runewski den Eindruck einer „gute[n] alte[n] Frau."[217] Ähnliches gilt für die beiden anderen Wiedergänger. Aus diesem Grund reagiert Runewski sehr ungläubig als ihm die ältere Dame als „der abscheulichste Vampir, der nur auf eine Gelegenheit wartet, sich an Menschenblut satt zu trinken"[218] vorgestellt wird. Besonders den beiden betagten Herrschaften spricht die Geschichte ein besonderes Erkennungszeichen zu, das jedoch kaum zu einer Gruselwirkung beiträgt:

---

[214] Göbler, Frank: Das Werk Aleksej Konstantinovič Tolstojs. München: Verlag Otto Sagner in Kommission 1992 (= Arbeiten und Texte zur Slavistik 53). S. 90.
[215] Pütz, Susanne: Vampire und ihre Opfer. Der Blutsauger als literarische Figur. Bielefeld: Aisthesis 1992. S. 87.
[216] Tolstois Text offenbart, angelehnt an die Vampirmythen der Balkanländer, eine Möglichkeit einen Vampir zu töten, welche jedoch nicht zum Einsatz kommt. So behauptet Rybarenko, wenn ihm die Menschen früher geglaubt hätten, dass Sugrobina ein Vampir ist, „so hätte man ihr vorsichtshalber einen Espenpfahl zwischen die Schultern gestoßen." Vgl. Tolstoi, Alexej K.: Der Vampir. (Aus dem Russ. übers. v. Werner Creutziger). Berlin/ Weimar: Aufbau-Verlag 1972 (= BB 239). S. 8.
[217] Tolstoi, Alexej K.: Der Vampir. (Aus dem Russ. übers. v. Werner Creutziger). Berlin/ Weimar: Aufbau-Verlag 1972 (= BB 239). S. 14.
[218] Ebd. S. 7f.

> Aber Sie fragen, woran man Vampire erkennt. Achten Sie nur darauf, wie sie, wenn sie einander begegnen, mit der Zunge schnalzen. Genaugenommen ist das kein Schnalzen, sondern ein Laut ähnlich den, den die Lippen hervorbringen, wenn sie an einer Apfelsine saugen. Das ist ihr vereinbartes Zeichen, so erkennen und begrüßen sie einander.[219]

Derartige Beschreibungen zeigen bereits, dass diese Wesen keineswegs über eine unheimliche oder dämonische Ausstrahlung verfügen, wie sie beispielsweise Lord Ruthven oder Dracula kennzeichnet. Sie sind stattdessen unscheinbare und harmlos wirkende Figuren, die sich von den lebenden Akteuren des Geschehens kaum unterscheiden. Auch die vampirischen Attacken sind wenig grauenerweckend. Als Antonio der attraktiven Italienerin Peppina zum Opfer fällt, gleicht dieser Moment eher einer Liebes- als einer Horrorszene. Doch in Form des „Bisskusses" weisen Peppinas vampirische Angriffe eindeutig eine sexuelle Konnotation auf und zeichnen sie somit als dämonische Verführerin aus, eine *Femme fatale*. Sie verfügt über eine stark erotische Ausstrahlung, da die Männer in der Erzählung ihr sehr zugeneigt sind und weist eine Aura der Gefahr auf. Des Weiteren wird sie öfters mit verschiedenen Gestalten verwechselt (der Göttin Juno, dem Freskenweib) und besitzt demnach, wie die vampirähnlichen Lamien und Empusen, die Fähigkeit, ihre Gestalt zu wechseln.

Der Leser von *Upyr* wird niemals direkter Zeuge der Überfälle der drei vermeintlichen Vampire. Stattdessen erfährt er erst im Nachhinein, und zwar über die Berichterstattung anderer Handlungsfiguren, von den Angriffen. Derartige Vorkommnisse werden entweder überhaupt nicht oder als nahezu nebensächlicher Akt geschildert. Peppina saugt auch Rybarenko das Blut aus, doch dieser Vorfall wird nicht einmal als solcher kenntlich gemacht. Die einzige Information, die der Text gibt, ist der vermeintlich gefahrlose Umstand, dass sich beide umarmen und ihre „Lippen […] sich zu einem langen Kuß"[220] vereinen. Erst als der Russe anschließend von einem schmerzhaften Gefühl im Hals spricht, jedoch den wahren Sachverhalt wieder verschleiert, indem er es als Anzeichen einer drohenden Erkältung interpretiert,[221] kann zumindest der kundige Leser die eigentliche Bedeutung dieses „Kusses" erahnen. Vergleichbares gilt für den Angriff der alten Obristin auf ihre Enkelin Dascha. Als Runewski die verräterische Narbe an ihrem Hals entdeckt, glaubt auch sie, in der kaum verheilten Wunde das harmlose Resultat eines „kleine[n] Zwischenfall[s]"[222] zu erblicken.

---

[219] Tolstoi, Alexej K.: Der Vampir. (Aus dem Russ. übers. v. Werner Creutziger). Berlin/ Weimar: Aufbau-Verlag 1972 (= BB 239). S. 9.
[220] Ebd. S. 53.
[221] Vgl. Ebd. S. 55.
[222] Ebd. S. 90.

> ‚Woher hast du diese Narbe?' fragt er. ‚Ich weiß nicht, mein Lieber. Ich war krank und habe mich wohl mit etwas gestochen. Ich wunderte mich selbst, als ich mein Kissen ganz voll Blut sah.'[223]

Antonio, Rybarenko und Dascha empfinden die erlebten Angriffe, anders als die Opfer in Stokers *Dracula* oder Polidoris *The Vampyre*, nicht als graueneinflößende oder gar lebensbedrohliche Vorgänge. Meist zieht der Vampirbiss auch nur eine schwere Krankheit nach sich und führt nicht zwangsläufig zum Tod. Diese offensichtliche Vermeidung aller vampirspezifischen Schauerelemente ist äußerst erstaunlich, da Tolstois Novelle sonst kaum mit unheimlichen Bildern und Gruseleffekten spart.

> So ist die Erzählung über das Erlebnis des Protagonisten mit den beiden alten Untoten in […] kunstvoller Weise mit mehreren Nebenhandlungen verknüpft, in denen Geisterhäuser, gefährliche Räuber, Doppelgänger, der Teufel in Person, ein Besuch in der Hölle, zum Leben erweckte Porträts, Skeletthände und abstruse Träume einzelner Figuren nahezu unerschöpfliche Quellen des Unbehagens bieten.[224]

Diese gängigen Elemente und Details des Horrorgenres erzeugen beim Leser größeren Schrecken als die im Titel genannten Vampire selbst. Doch zumindest gelingt es den dargestellten Revenants beim Leser Gefühle der Beklommenheit zu erwecken. Die zunächst harmlos erscheinenden Wiedergänger entwickeln sich insofern zu einer Angstquelle, als sie im Verlauf der Handlung in irgendeiner Form mit den einzelnen Horrorgestalten oder –effekten der Erzählung verknüpft werden. So entpuppt sich der italienische Edelmann Don Pietro d'Urgina, der seine Seele dem Teufel verschrieben hat und eines Nachts von diesem heimgesucht wird, als Bauherr des feudalen Landsitzes, in dem die Witwe Sugrobina residiert. Auch die geheimnisvolle Steintafel, die dem Italiener bis zur Beendigung des höllischen Paktes alle irdischen Genüsse verschaffen sollte, taucht im Zusammenhang mit der Großmutter plötzlich wieder auf.[225] Zwischen den furchteinflößenden Geschehnissen des eingeschobenen Erzählstrangs und den Vampiren, mit denen Runewski persönlich konfrontiert wird, bestehen noch weitere Verbindungen. Er erfährt – genau wie der Leser – erst durch Daschas Kinderfrau, dass Don Pietro ein Verwandter der vermeintlich guten Großmutter ist. Die Zaubertafel gab dieser die Möglichkeit, ihr Leben über den gegebenen Zeitraum hinaus zu verlängern.

---

[223] Tolstoi, Alexej K.: Der Vampir. (Aus dem Russ. übers. v. Werner Creutziger). Berlin/ Weimar: Aufbau-Verlag 1972 (= BB 239).
[224] Pütz, Susanne: Vampire und ihre Opfer. Der Blutsauger als literarische Figur. Bielefeld: Aisthesis 1992. S. 89.
[225] Vgl. Tolstoi, Alexej K.: Der Vampir. (Aus dem Russ. übers. v. Werner Creutziger). Berlin/ Weimar: Aufbau-Verlag 1972 (= BB 239). S. 73.

Tolstoi verfolgt in seiner Erzählung eine Technik, scheinbar „harmlose Details durch Verknüpfungen mit bestimmten Gruselfaktoren gleichsam zu horrorfizieren."[226] So findet diese Methode beispielsweise bei der Duellszene zwischen Runewski und seinem zukünftigen Schwager Wladimir Sorin Anwendung. Dieses eigentlich neutrale Ereignis erhält einen unheimlichen Charakter, sobald es mit den schauerlichen Vorgängen in dem Teufelshaus[227] in Verbindung gebracht wird:

> Rybarenko trat zu Sorin und nahm ihn an der Hand. ‚Wladimir', sagte er, ihm die Hand fest drückend, ‚du hast unrecht in dieser Sache – versöhne dich mit Runewski!' [...] ‚spiel nicht mit dem Schicksal, denk an die Villa d'Urgina!'[228]

Als Wladimir seinen Gegner – genau wie in seinem damaligen Traum in der Villa Antonio – durch einen Schuss in die Brust niederstreckt, findet Rybarenko in diesem Ausgang des Duells folgerichtig die Bestätigung seiner Vorahnung: „'Deine Erscheinung in der Villa d'Urgina!' flüsterte Rybarenko Wladmir ins Ohr. ‚Du hast einen Freund getötet.'"[229]
An dieser Stelle greift ein weiteres Mal die beklemmende Atmosphäre der zunächst autonom erscheinenden Horrorszenerie der Nebenhandlung auf das vermeintlich harmlose Geschehen um den Protagonisten über.

Laut Susanne Pütz resultiert das unheimliche Moment in *Upyr* zu einem Großteil aus der verwirrenden und damit beunruhigenden Unschlüssigkeit des Lesers über den Realitätsgehalt der geschilderten Handlungen.[230] Die russische Novelle gibt über lange Zeit hinweg nicht zu erkennen, ob die mysteriösen Ereignisse in den Bereich des Übernatürlichen gehören oder aber als Phantasieprodukte der agierenden Hauptpersonen gelten können, um so etwa deren rätselhaften Charakter aufklären zu können. Dass das fiktive Geschehen so schwer in eine Kategorie einzuordnen ist, liegt somit in Tolstois Erzähltechnik begründet. Denn die Geschichte hebt beständig diejenigen Indizien, die eine Tendenz zu einer der beiden Möglichkeiten ausweisen, im nächsten Schritt sogleich wieder auf. Zum einen wird der Wahrheitsgehalt bestimmter Äußerungen in Frage gestellt. So wird etwa Rybarenko, der Runewski gleich zu Beginn der Handlung auf die Existenz der Vampire aufmerksam

---

[226] Pütz, Susanne: Vampire und ihre Opfer. Der Blutsauger als literarische Figur. Bielefeld: Aisthesis 1992. S. 90.
[227] Tolstois *Upyr* besagt, dass das Teufelshaus sich an einem Ort befindet, wo einst ein heidnischer Tempel stand, der Hekate und den Lamien geweiht war. Diese Spuk- und Fabelwesen werden in der Novelle wie folgt definiert: „Im Volk geht das Gerücht, die Lamien oder Empusen, die bekanntlich große Ähnlichkeit mit unseren *Vampiren* haben, trieben noch heute ihre Wesen nahe den ihnen geweihten Stätten; sie nähmen mancherlei Gestalt an, um unerfahrene Menschen anzulocken und ihnen das Blut auszusaugen." Vgl. Tolstoi, Alexej K.: Der Vampir. (Aus dem Russ. übers. v. Werner Creutziger). Berlin/ Weimar: Aufbau-Verlag 1972 (= BB 239). S. 65.
[228] Tolstoi, Alexej K.: Der Vampir. (Aus dem Russ. übers. v. Werner Creutziger). Berlin/ Weimar: Aufbau-Verlag 1972 (= BB 239). S. 70.
[229] Ebd. S. 71.
[230] Vgl. Pütz, Susanne: Vampire und ihre Opfer. Der Blutsauger als literarische Figur. Bielefeld: Aisthesis 1992. S. 91.

macht, anschließend von seinen früheren Bekannten als psychisch gestörte Persönlichkeit beschrieben.[231] Zum anderen tragen sich übernatürliche Begebenheiten ausschließlich in solchen Momenten zu, wenn die Akteure ihrer Vernunft nur begrenzt mächtig sind. Zumeist sind diese, wenn sie auf phantastische Wesen treffen und übernatürliche Begebenheiten beobachten, entweder alkoholisiert oder befinden sich im Halbschlaf, Traumzustand oder im Fieberwahn.

Neben der sexuellen Dimension kristallisiert sich in Tolstois Novelle auch ein kognitives Moment des Vampirs heraus. So verrät Rybarenko seinem Zuhörer Runewski, dass ihn die Erlebnisse mit den Wiedergängern vor allem psychisch verändert haben:

> Hören Sie auf einen Mann, der aus Erfahrung weiß, was es bedeutet, wenn man Dinge verachtet, die wir nicht zu begreifen vermögen und die, Gott sei's gedankt, mit einem dunklen, undurchdringlichen Vorhang von uns abgetrennt sind. Wehe dem, der es unternimmt, den Vorhang zu lüften! Entsetzen, Verzweiflung, Wahnsinn werden das Ergebnis seiner Neugier sein. […] Ich glaubte nichts von dem, was die Menschen übernatürlich zu nennen pflegen. […] Oh, wie grausam täuschte ich mich![232]

Selbst nach einem Zeitraum von drei Jahren kann Rybarenko diese Erlebnisse nicht verkraften. Radikal formuliert hieße das, der furchteinflößende Charakter dieser Begegnung hat ihm vampirartig seiner Lebenskraft beraubt und ihn ausgezehrt.

> Sie werden es mir kaum glauben – noch heute weiß ich oft nicht, wie ich mich dieser Erinnerungen erwehren soll! Sie verfolgen mich überallhin, höhlen mir wie Gewürm den Verstand, und es gibt Augenblicke, da ich drauf und dran bin, mir das Leben zu nehmen, nur um mich von den Erinnerungen zu befreien![233]

Die Erinnerungen nehmen für Rybarenko schließlich ein derart quälendes Ausmaß an, dass er sein geäußertes Verlangen am Ende des Geschehens in die Tat umsetzt und sich vom Glockenturm in den Tod stürzt.[234]

Zuletzt bleibt noch zu erwähnen, dass Tolstois Novelle neben der Verknüpfung des Vampirphänomens mit dem Teufelspaktmotiv zugleich im Ansatz eine Persiflage auf den russischen niederen Adel bietet. Dies lässt sich anhand der Darstellung der Obristin Sugrobina und dem Staatsrat Teljajew erkennen, welche noch ganz im 18. Jahrhundert leben und der Moderne ablehnend gegenüberstehen. Gleichfalls finden sich satirische Untertöne in der Präsentation der Frau Zorina, welche krampfhaft bemüht ist, ihre unattraktive Tochter

---

[231] Vgl. Tolstoi, Alexej K.: Der Vampir. (Aus dem Russ. übers. v. Werner Creutziger). Berlin/ Weimar: Aufbau-Verlag 1972 (= BB 239). S. 7ff.
[232] Ebd. S. 46.
[233] Ebd. S. 66.
[234] Vgl. Ebd. S. 89.

Sofja Karpowna zu verheiraten. Sie alle repräsentieren eine Gesellschaftsschicht von „einigem Wohlstand, mäßiger Bildung und nicht eben feiner Lebensart."[235]

---

[235] Göbler, Frank: Das Werk Aleksej Konstantinovič Tolstojs. München: Verlag Otto Sagner in Kommission 1992 (= Arbeiten und Texte zur Slavistik 53). S. 111.

9. Die Entwicklung der Vampirliteratur im 20. Jahrhundert

Nachdem Bram Stoker mit seinem Roman *Dracula* (1897) einen modernen Vampirtypus geschaffen hatte, dessen wichtigste Eigenschaft die Unsterblichkeit darstellt, die sich der Vampir durch die Zufuhr von Menschenblut sichern könne, entstanden eine „Vielzahl von Stoker-Epigonen"[236] und konventionellen Variationen des Dracula-Themas"[237], aber auch eine Reihe von Veränderungen. Denn im 20. Jahrhundert erfuhr die Figur des Vampirs eine zunehmende Verlagerung in das Gruselkabinett von Horrorliteratur sowie Horrorfilm[238] und wurde außerdem trivialisiert, bis sie nur noch zur Parodie[239] geeignet schien.

> Wenn mit Stokers Dracula der letzte Vampir getötet wird, so präsentiert die Vampirliteratur des 20. Jahrhunderts ein zum Teil ganz neues Vampiruniversum. Es treten Vampire aus dem antiken Ägypten, aus Rom und dem Vorderen Orient im 20. Jahrhundert auf, die auf Grund ihrer Unsterblichkeit überlebt haben, und sie machen Menschen unserer Zeit zu Vampiren.[240]

Moderne Horrorautoren lassen in ihren Werken jahrtausendealte Vampire auftreten, die einen Schatz an Wissen kumuliert haben, über den gewöhnliche Sterbliche längst nicht verfügen können. Demnach nahmen diese Kreaturen an der Genese der Menschheit teil und passten sich dieser an. Michael Kroner verwendet hierfür den Begriff des „Entwicklungsvampirs."[241]

An dieser Stelle ist die Unterscheidung der literarischen Vampirgestalt von der des mythologischen Volksglaubens allein nicht mehr ausreichend. In der Literatur ist nun ein Gegensatz von alter und moderner Vampirfigur auszumachen. Vampire, wie Dracula, behalten ursprüngliche Eigenschaften und Gewohnheiten bei, wie tagsüber im Sarg zu ruhen und erst nachts herauszusteigen oder die Gestalt zu wechseln, etwa in die einer Fledermaus. Hingegen leben einige jüngere Vampirfiguren des 20. Jahrhunderts unter den Menschen, nehmen deren Lebensformen an und scheuen das Tageslicht nicht mehr.

---

[236] Robert Lorys *Dracula Returns* (1973) bildete eine Fortsetzung des Stokerschen Werks. Während andere Autoren lediglich die Person des transsilvanischen Grafen herausgriffen und in neue Erzählhandlungen einbanden. Stellvertretend seien dafür Mallory T. Knights *Dracutwig* (1969), Woody Allens *Count Dracula* (1971) und Roger Singletons *An Interview with Count Dracula* (1972) genannt.

[237] Döring, Ramona: Vom Monster zur Identifikationsfigur: der Vampirmythos im Wandel. In: Mythen in der Kunst. Hrsg. von Hans Körner. Würzburg: Königshausen & Neumann 2004 (= Mythos No. 1). S. 282.

[238] Ende des 19. Jahrhunderts entstand das neue Medium Film, welches sich des Vampirmotivs sehr bald bemächtigte. Zu den gelungensten Ergebnissen zählen Friedrich W. Murnaus *Nosferatu* (1922), Werner Herzogs gleichnamiger Film aus dem Jahre 1978 - beides Adaptionen des *Dracula* – und Carl Theodor Dreyers *Der Vampir* (1932). Vgl.: Pütz, Susanne: Vampire und ihre Opfer. Der Blutsauger als literarische Figur. Bielefeld: Aisthesis 1992. S. 29.

[239] So in H. C. Artmanns Dracula, Dracula – Ein transsylvanisches Abenteuer (1966) oder in Herbert Rosendorfers Soziologische Situation des Vampirs (1971).

[240] Kroner, Michael: Dracula. Wahrheit, Mythos und Vampirgeschäft. Heilbronn: Johannis Reeg-Verlag 2005. S. 83.

[241] Ebd.

Man begegnet ihnen in Kaffeehäusern, als Musiker in einer Rockband, auf der Straße, in Hotels – überall wo Menschen verkehren.²⁴²

Die Figur des Vampirs eroberte, unter dem Einfluss der Schriftstellerin Anne Rice ganz Amerika und vermehrte sich dort. Die Autorin schuf sogar eine Hierarchie der Vampire, an dessen Spitze die amerikanischen Revenants stehen. Es folgen die klugen, aber dekadenten Repräsentanten aus Frankreich, während die klassischen Wiedergänger aus Osteuropa und Transsylvanien als völlig debile Untervampire in Erscheinung treten.²⁴³

Die Polyvalenz der literarischen Vampirfigur bildete nicht allein eine Eigenart des 19. Jahrhunderts, sondern erhielt auch in der Folgezeit ihre Bestätigung in der Motivbehandlung. So büßte etwa die religiöse Komponente des Revenants, die im 19. Jahrhundert eine maßgebliche Stellung innehatte, ihre Bedeutsamkeit im 20. Jahrhundert zunehmend ein. Eine künstlerische Auseinandersetzung mit dem Diabolischen oder dem Antichristlichen, wie es zum Beispiel in Stokers *Dracula* oder Polidoris *The Vampyre* vorkommt, in denen der Blutsauger das Böse verkörpert, fand nur noch vereinzelt statt. Dagegen setzte sich nach 1900 die Sensibilität für die wissenschaftlich relevante Komponente des Sujets, wie es einst im Zeitalter der Aufklärung der Fall war, verstärkt fort und bildete eine vielfältig gestaltete Dimension.²⁴⁴ Besonders in den ersten Jahrzehnten des 20. Jahrhunderts²⁴⁵ stand die Auseinandersetzung mit dem parapsychologischen Arbeitsfeld im Vordergrund. So enthält beispielsweise Edward F. Bensons *Mrs. Ammworth* (1923) eine Aufwertung dieses wenig anerkannten Forschungszweigs. Denn in dieser Erzählung vermag es allein der Psychologieprofessor Francis Urcombe, der wegen seiner parapsychologischen Studien emeritiert wurde, die vermeintlich liebenswerte Nachbarin Mrs. Emsworth als Vampir zu entlarven und zu vernichten.²⁴⁶ Hingegen wiederholt die Geschichte des italienischen Dichters Luigi Capuana *Il Vampiro* (1907) die bereits in *Dracula* enthaltene Kritik an der Rechtschaffenheit des zeitgenössischen Gelehrtentums. Da jener Professor Mongieri die Existenz der Wiedergänger selbst dann noch anzweifelt, als er sich vom Dasein der blutrünstigen Revenants bereits überzeugt hatte und damit das Unglück heraufbeschwor.²⁴⁷

---

²⁴² Kroner, Michael: Dracula. Wahrheit, Mythos und Vampirgeschäft. Heilbronn: Johannis Reeg-Verlag 2005.
²⁴³ Vgl. Ebd.
²⁴⁴ Vgl. Pütz, Susanne: Vampire und ihre Opfer. Der Blutsauger als literarische Figur. Bielefeld: Aisthesis 1992. S. 152f.
²⁴⁵ Als weitere Vampirzeugnisse aus dem ersten Drittel des 20. Jahrhunderts gelten *Sarahs Grab* (1900) von Frederik Georg Loring, *Mortons befremdlicher Tod* (1910) von Algernon Blackwood, *For the Blood is the live* (1905) von Francis Marion Crawford, *Das Grab von Pére Lachaise* (1914) von Karl Strobel, *Der Vampir* (1921) von Toni Schwabe, *Vampir* (1921) von Hanns Heinz Ewers sowie *Friedhofswächter* (1925) von Jean Ray.
²⁴⁶ Vgl. [Art.] Benson, E.F. In: Jänsch, Erwin: Vampir-Lexikon. Die Autoren des Schreckens und ihre blutsaugerischen Kreaturen. 200 Jahre Vampire in der Literatur. Augsburg: SoSo 1995. S. 21ff.
²⁴⁷ Vgl. [Art.] Capuana, Luigi. In. Ebd. S. 50.

In den Jahren von 1930 bis 1960 erlebte das Genre sehr magere Zeiten, aus denen beinah ausschließlich Richard Matheson mit seinem Horror- und Science-Fiction-Roman *I am Legend* (1954) hervorstach. Matheson befreite den Vampirismus von seiner ursprünglichen, mythischen Bedeutung, indem er in seinem Werk den Vampirismus als eine durch Viren oder ähnliche Erreger übertragbare Krankheit definiert. Diese hat bereits alle Menschen bis auf Robert Neville infiziert und in blutsaugende Wiedergänger verwandelt. Neville hat sich in seinem Haus verbarrikadiert und tötet tagsüber mit Holzpflöcken bewaffnet so viele Vampire wie möglich. Als die Infizierten entdecken, dass die Ursache des Vampirismus in einer Seuche zu finden ist, versuchen sie sich mit selbstentwickelten Medikamenten besser an ihre natürliche Umwelt anzupassen. Schließlich muss Neville erkennen, dass er selbst der Abnormale ist, die Bedrohung – die Legende.[248]

In Pierre Kasts Roman *Les Vampires de l'Alfama* (dt.: *Die Vampire von Lissabon*) von 1975 verhält es sich hingegen umgekehrt. Während Polidoris oder Stokers Motivgestaltungen ausschließlich auf negative Folgen einer künstlich erwirkten Verlängerung des irdischen Daseins hinweisen, deutet Kasts Werk diesen Status[249] als reizvoll oder sogar erstrebenswert. Denn die Vampire darin bringen ausnahmsweise nicht den Tod, sondern das Leben. Der Obervampir Kotor, der zugleich Wissenschaftler ist, verwandelt die von einer Seuche bedrohten Menschen in Vampire, und bewahrt sie damit vor dem Tod.[250] Die Vampire treten in Kasts Werk nicht als blutgierige Monster oder Todesengel auf, sondern als „bedauernswerte Geschöpfe aus der Schattenwelt."[251] Als wirklich blutrünstig erscheint in diesem Roman dagegen der Mensch.

Des Weiteren entstand in der Mitte des 20. Jahrhunderts mit dem Gedicht *Heimweg*[252] (1956) von der österreichischen Schriftstellerin Ingeborg Bachmann ein Werk, das bildhaft die Unmöglichkeit der Liebe, genauer das Scheitern der Beziehungen zwischen den Geschlechtern, mit Hilfe des Vampirismus veranschaulichte. Der Vampir gaukelt dem Opfer das Ersehnte vor („übt den Kinderschritt" (V 6)), verführt sie und bringt sie vom rechten Weg ab. Ihre Rettung („Was mich retten könnte,/ ist noch nicht verschenkt." (V 11f.)) wäre nur unter Verzicht auf Liebe und Sexualität möglich gewesen, denn Glück und Erfüllung haften unvermeidlich Enttäuschung und Verlust an. Der Energieaustausch des vampirischen Angriffs und die damit verknüpfte Sexualität, die unter der Herrschaft des

---

[248] Vgl. [Art.] Matheson, Richard. In: Ebd. S. 170f.
[249] Auch in Robert Aickmanns Novelle *Pages from a young Girl's Journal* (1975) sehnt das narrative Ich der absehbaren Verwandlung freudig entgegen. Vgl. Pütz, Susanne: Vampire und ihre Opfer. Der Blutsauger als literarische Figur. Bielefeld: Aisthesis 1992. S. 164.
[250] Vgl. [Art.] Kast, Pierre. In: Ebd. S. 128f.
[251] Ebd. S. 129.
[252] Vgl. Bachmann, Ingeborg: Die Gedichte. Leipzig: Insel-Verlag 1980 (= Insel-Bücherei Nr. 1037). S. 95f.

Mannes stattfindet, weist eine deutliche Einseitigkeit auf. Erst als „das Mal gerissen / in die Nackenhaut" (V 33f.) wird, laut Oliver Claes, der Blick frei für die Erkenntnis, dass gleichberechtigte Liebe zwischen Männern und Frauen nicht möglich sei, sondern sich die Gewalt der Ausbeutung unausweichlich wiederhole.[253] Auch das Drama *Krankheit oder moderne Frauen* (1987) von Elfriede Jelinek setzt sich mit dem zeitgenössischen Rollenverständnis der Geschlechter auseinander.

> In teils bewußt schockierender, teils witzig-burlesker Form stellt dieses Stück heraus, daß sich auch rund hundert Jahre nach den ersten Emanzipationsbemühungen die gesellschaftliche Situation des weiblichen Geschlechts nur unwesentlich verändert hat: Nach wie vor ist die Frau einem patriarchalischen System unterworfen, das ihr jegliche Selbstbestimmung und eigenständige Entfaltung zu verwehren […] sucht.[254]

Ferner beschäftigte sich der „Meister des Horrorromans"[255] – Stephen King – mit dem Vampirstoff und lässt in seinem Roman *Salems Lot* (dt.: *Brennen muss Salem*) (1975) sämtliche Bewohner einer amerikanischen Kleinstadt allmählich zu Vampiren werden. King ließ sich stark von Stokers *Dracula* beeinflussen und obwohl die Romane Ähnlichkeiten aufweisen, bleibt eine sexuelle Komponente in dem Handlungsgeschehen vollkommen ausgespart.

> *Dracula*, zur viktorianischen Zeit mit ihrer doppelbödigen Moral entstanden, hat deutlich sexuelle Anklänge, während *Brennen muß Salem* mehr gesellschaftlich orientiert ist.[256]

Ab den 1970er Jahren[257] wurde das literarische Vampirgenre besonders stark von amerikanischen Schriftstellern beherrscht – allen voran Stephen King und Anne Rice.

> Durch die Amerikanisierung der Vampirliteratur setzte auch deren krasse Degeneration ein – mit dem Ergebnis, dass der heute bekannte Literaturvampir nur mehr ein extremes Zerrbild des Vampirs in der Literatur der Romantik ist.[258]

---

[253] Vgl. Claes, Oliver: Fremde. Vampire: Sexualität, Tod und Kunst bei Elfriede Jelenik und Adolf Muschg. Bielefeld: Aisthesis 1994. S. 26f.
[254] Pütz, Susanne: Vampire und ihre Opfer. Der Blutsauger als literarische Figur. Bielefeld: Aisthesis 1992. S. 156f.
[255] Meurer, Hans: Vampire. Die Engel der Finsternis. Der dunkle Mythos von Blut, Lust und Tod. Freiburg i. Brsg.: Eulen-Verlag 2001. S. 63.
[256] [Art.] King, Stephen. In: Jänsch, Erwin: Vampir-Lexikon. Die Autoren des Schreckens und ihre blutsaugerischen Kreaturen. 200 Jahre Vampire in der Literatur. Augsburg: SoSo 1995. S. 135.
[257] Zur weltweiten Vampirliteratur ab den 1970er Jahren können folgende Werke hinzugezählt werden: George A. Romero: *Night of the Living Dead* (dt. *Die Nacht der lebenden Toten*) 1968, Georgina Viorica Rogoz *Vlad, fiul Dracului* (dt. *Vlad, Sohn des Teufels*) 1970, Robert Lory: *Dracula Returns!* (dt. *Dracula kehrt zurück*) 1973, Claude Klotz: *Dracula pére et fils* (dt. *Dracula Vater und Sohn*) 1974, Fred Saberhagen: *The Dracula Tape* (dt. *Draculas Tonband*) 1975, George R. R. Martin: *Fever Dream* (dt. *Fiebertraum*) 1982, Wolfgang Hohlbein (Pseudonym: Henry Wolf): *Höllenhaus der Vampire* 1983, C. S. Friedmann: *Madness Seasons* (dt. *Wahnsinns Zeit*) 1990, Brian Aldiss: *Dracula Unbound* (dt. *Unendlicher Dracula*) 1991, Comte de Lautrémont: *Les Chants de Maldoror* (dt. *Die Gesänge des Maldoror*) 1992, Roderick Anscombe: *The Secret Life of* László *Count Dracula* (dt. *Das geheime Leben des László Graf Dracula*) 1994.
[258] Equiamicus, Nicolaus: Vampire damals und heute: eine Chronologie. Diedorf: Ubooks-Verlag 2010. S. 223.

Anne Rice behandelt in ihrem Werk *Interview with a Vampire*[259] (1976) (siehe Abbildung 10) am Beispiel verschiedener Vampirtypen aus Rumänien, Paris und den USA die Konfrontation mehrerer Kulturkreise, welche wie bereits erwähnt, zugunsten des nordamerikanischen Kontinents ausfällt. In diesem Roman erzählt Louis, der 200 Jahre alte Vampir, einem Reporter in San Francisco die Geschichte seines Lebens: Eines Nachts 1791 begegnet er, nachdem seine Frau im Kindbett starb und auch sein Kind nicht überlebte, dem Vampir Lestat, der von seinem Blut trinkt und ihn zu seinesgleichen macht. Lestat wird für Louis zum ungeliebten Lehrmeister, der ihn in die dunkle Welt des Vampirismus einführt. Nach jahrelanger Residenz auf Louis Plantage in New Orleans, wo sie im Laufe der Jahre die Sklaven dezimieren, drängt es den melancholischen Louis in die Welt hinaus. Er sucht nach anderen Untoten, „nach Gefährten in seiner ewigen, dunklen Unsterblichkeit."[260] Die beiden Männer machen das Mädchen Claudia zum dritten Mitglied ihrer vampirischen Gemeinschaft, wodurch sie dazu verdammt ist, auf ewig ein Kind zu bleiben. Louis versucht, sich von Lestat loszusagen und ihn zu töten. Er reist etwa 1870 mit Claudia nach Paris, wo er auf den 400 Jahre alten Vampir Armand trifft, der mit seinen dekadenten, untoten Anhängern ein Théâtre des Vampires betreibt. Armand lässt als Anführer zu, dass die anderen Vampire Claudia wegen der Ermordung Lestats, worauf nach ihrem Gesetz die Todesstrafe steht, tödlichem Sonnenlicht aussetzen und Louis einmauern. Anschließend befreit er diesen jedoch wieder aus seinem Gefängnis, da er für ihn eine tiefe Zuneigung hegt und warnt seine Truppe nicht vor dessen Rache. So gelingt es Louis, das Theater in Flammen zu setzen und alle Vampire darin zu vernichten. Armand bittet Louis anschließend darum, sein Gefährte zu werden, da er ein moderner Vampir sei und sie somit gemeinsam das Alte und Neue verbinden könnten. Doch dieser lehnt ab und reist allein nach Amerika zurück – ohne die Trauer um Claudia, die zugleich die Rolle der Tochter und Geliebten erfüllte, überwinden zu können. 1982 kehrt Louis schließlich nach New Orleans zurück und trifft dort auf den totgeglaubten

Abb. 10 **Anne Rice:** *Inteview with the Vampire*. New York: Alfred. A. Knopf 1976.
Quelle: www.royalbooks.com

---

[259] Im Jahre 1994 erschien die Verfilmung von *Interview with the Vampire* mit den Schauspielern Tom Cruise und Brad Pitt. Das Drehbuch wurde von Neil Jordan in Zusammenarbeit mit Anne Rice verfasst.
[260] [Art.] Rice, Anne. In: Jänsch, Erwin: Vampir-Lexikon. Die Autoren des Schreckens und ihre blutsaugerischen Kreaturen. 200 Jahre Vampire in der Literatur. Augsburg: SoSo 1995. S. 227.

Lestat. Der einstmals stolze und charismatische Vampir ist mit dem 20. Jahrhundert völlig überfordert und hält sich in einer Ruine versteckt. Lestat bittet Louis darum, ihm dabei zu helfen wieder der frühere Lestat zu werden („Hilf mir, Louis, bleibe bei mir."[261]), doch auch er wird von Louis abgelehnt und seinem Schicksal überlassen. Schließlich irrt Louis weiter umher, bis er auf den bereits genannten Reporter in San Francisco trifft.[262]

Anne Rice gab mit ihren modernen Vampirfiguren Louis und Lestat der phantastischen Literatur eine neue Dimension und ließ, angeknüpft an den Erfolg ihres ersten Werkes, zehn weitere Vampirromane folgen, die zusammen die *Chronik der Vampire*[263] bilden. Diese Chronik reicht zurück bis ins alte Ägypten und entwirft einen Vampir-Kosmos, der eine Gegenwelt zur Welt der Sterblichen aufzeigt. Sie gleicht der menschlichen zwar hinsichtlich des Spiels mit Macht und Erotik, schildert aber auf der anderen Seite die scheinbar tatsächlichen Zusammenhänge, die von dunklen Mächten geschaffen werden. Die Figur des Lestat nimmt dabei eine kosmopolitische Stellung ein. Hans Meurer schreibt, er könne sich zwar als Romanheld mit Dracula messen, doch im Hinblick auf die moderne Mythenverbreitung – den Film – habe er einen schwachen Stand und allein Graf Dracula stelle den Herrn der Vampire dar.[264] Doch trotz dessen gelang es Rice, mit diesem Opus „eine romantische und philosophische Neuschöpfung des Vampir-Mythos"[265] zu erschaffen.

Zugleich wurde von ihr auch die sexuelle Dimension des Vampirs aufgegriffen und in eine abstrakt sinnliche und oral-erotische Richtung gelenkt, allerdings oftmals auf gleichgeschlechtlicher Ebene. Wie bereits im 19. Jahrhundert, ist auch bei ihr die Beziehung der Vampire zu den Opfern stark erotisch konnotiert, da das Trinken von Blut meist als ekstatischer Akt beschrieben wird:

---

[261] Rice, Anne: Gespräch mit dem Vampir. (Aus dem Engl. übers. v. Karl Berisch u. C. P. Hofmann). 3. Auflage. München: Goldmann 1992 (=Goldmann Taschenbücher Bd. 41015). S. 279.
[262] Vgl. Rice, Anne: Gespräch mit dem Vampir. München: Goldmann 1992.
[263] Die *Vampir-Chroniken* umfassen die folgenden zehn Bände, die auch ins Deutsche übersetzt wurden: *Inteview with a Vampire* 1976 (dt. *Gespräch mit einem Vampir*), *The Vampire Lestat* (dt. *Der Fürst der Finsternis*) 1985, *The Queen oft he damned* (dt. *Die Königin der Verdammten*) 1988, *The Tale oft he Body Thief* (dt. *Nachtmahr*) 1992, *Memnoch the Devil* (dt. *Memnoch der Teufel*) 1995, *The Vampire Armand* (dt. *Armand der Vampir*) 1998, *Vittorio the Vampire* (dt. *Vittorio*) 1999, *Merrick* (dt. *Merrick oder die Schuld des Vampirs*) 2000, *Blood and Gold* (dt. *Blut und Gold*) 2001, *Blackwood Farm* (dt. *Blackwood Farm*) 2002, *Blood Canticle* (dt. *Hohelied des Blutes*) 2003.
[264] Vgl. Meurer, Hans: Vampire. Die Engel der Finsternis. Der dunkle Mythos von Blut, Lust und Tod. Freiburg i. Brsg.: Eulen-Verlag 2001. S. 64.
[265] [Art.] Rice, Anne In: Jänsch, Erwin: Vampir-Lexikon. Die Autoren des Schreckens und ihre blutsaugerischen Kreaturen. 200 Jahre Vampire in der Literatur. Augsburg: SoSo 1995. S. 228.

> Und schon beugte ich mich nieder und biß in den weichen kleinen Hals, und als ich den leisen Aufschrei hörte, flüsterte ich, das warme Blut auf den Lippen: ‚Es ist nur ein Augenblick, dann fühlst du keinen Schmerz mehr.' [...] Ich glaube, ich stand auf, das Mädchen fest in den Armen; mein Herz schlug rascher mit ihrem Herzschlag, und das Blut strömte zu schnell für mich.[266]

Rice gelang es, ihre Vampire als moderne Helden zu gestalten, die die Sehnsucht der Leser nach Schönheit, Reichtum, Macht und Unsterblichkeit befriedigen.

> Eine derartige Attraktivität läßt die Vampire im Zeitalter eines Massenhedonismus natürlich besonders verführerisch erscheinen.[267]

In der gewählten Erzählperspektive der Vampirliteratur des 20. Jahrhunderts spiegelt sich häufig eine Konzentration auf das Vampirwesen wider. Während im 19. Jahrhundert das fiktive Geschehen aus der Perspektive des Opfers (oder auch der Vampirjäger) geschildert wurde, fand im darauffolgenden Jahrhundert eine Verlagerung auf den Blickwinkel des Revenants statt. Somit stand erstmals seit *The Giaour* (1813) von Lord Byron wieder die innere Gefühls- und Gedankenwelt der Untoten im Zentrum, wodurch sie zu Protagonisten der Geschichten avancierten.[268] Die Opfer der Vampire, denen vor 1900 das Hauptinteresse galt, traten stark in den Hintergrund. Oftmals handelte es sich bei ihnen nun nicht mehr um individuell gestaltete Charaktere, sondern lediglich um anonyme Beute, die in keinerlei Beziehung zu dem Blutsauger steht.

> Aus dieser Veränderung ergibt sich zwangsläufig eine weitere Differenz zu den Texten des 19. Jahrhunderts: Im Unterschied zu diesen besitzt die literarische Vampirgestalt in [den Werken des 20. Jahrhunderts] nicht mehr die Aufgabe, auf das Wissen ihres Opfers regulierend einzuwirken. Stattdessen sind es nun meistens die Wiedergänger selbst, die im Verlaufe des Geschehens eine Entwicklung intellektueller Art durchlaufen.[269]

So erlangt in *Interview with a Vampire* Louis nach verschiedenen Erlebnissen die Gewissheit, dass nicht allein seine persönliche Existenz, sondern die aller Kreaturen auf der Erde ohne jede wirkliche Bedeutung ist. Des Weiteren verweist in Adolf Muschgs Roman *Das Licht und der Schlüssel* (1988) bereits der Untertitel *Erziehungsroman eines Vampirs* auf die Entwicklung des dort dargestellten Wiedergängers. Somit erhielt die literarische Vampirfigur des 20. Jahrhunderts ihre Funktion nicht mehr im Hinblick auf die des Opfers,

---

[266] Rice, Anne: Gespräch mit dem Vampir. (Aus dem Engl. übers. v. Karl Berisch u. C. P. Hofmann). 3. Auflage. München: Goldmann 1992 (=Goldmann Taschenbücher Bd. 41015). S. 73.
[267] Borrmann, Norbert: Vampirismus oder die Sehnsucht nach Unsterblichkeit. München: Diederichs 1998. S. 93.
[268] Als Hauptfiguren der präsentierten Handlung gelten besonders die Vampire in den bereits aufgeführten Werken von Anne Rice, Roger Singleton, Elfriede Jelinek sowie in der Erzählung *The Werewolf and the Vampire* (1975) von Ronald Chetwynd-Hayes.
[269] Pütz, Susanne: Vampire und ihre Opfer. Der Blutsauger als literarische Figur. Bielefeld: Aisthesis 1992. S. 163.

sondern stand für sich selbst. Diese Romane und Erzählungen stellen „Vampir-Geschichten"[270] im eigentlichen Sinne dar. Doch derartige Geschichten waren nicht nur in Romanen des 20. Jahrhunderts zu finden, sondern ebenfalls in Comic-Büchern. Großen Erfolg erfuhr beispielsweise die Comic-Serie *Vampirella* (1969 bis 1983) (siehe Abbildung 11) von Jim Warren und Forest J. Ackermann mit den erotisch reizvollen Zeichnungen von Frank Frazeta.

Abb. 11
Erste *Vampirella*-Ausgabe (erschienen im September 1969)
Quelle: www.mycomicshop.com

Die Hauptheldin kommt vom Planeten ‚Draculon' und erlebt in einem Mix aus Sex, Abenteuer und Heldentum das Leben in verschiedensten Welten. Dabei trifft sie auch Dracula im Vatikan und andere Figuren der Horror-Comic-Szene.[271]

Der Vampir machte nun auch „vor den Kinderzimmern nicht Halt."[272] Als wichtigste Serie aus dem deutschen Sprachraum ist die Buchreihe *Der kleine Vampir* (1979 bis 2008) (siehe Abbildung 12) von der Autorin und ehemaligen Grundschullehrerin Angela Sommer-Bodenburg zu nennen. Die Bücher handeln von der Freundschaft des Menschenkindes Anton zu dem Vampir Rüdiger, die gemeinsam viele Abenteuer bestehen.[273]

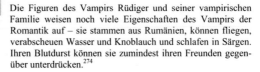

Abb. 12
Der kleine Vampir (1979). Quelle: www.buchfreund.de

Die Figuren des Vampirs Rüdiger und seiner vampirischen Familie weisen noch viele Eigenschaften des Vampirs der Romantik auf – sie stammen aus Rumänien, können fliegen, verabscheuen Wasser und Knoblauch und schlafen in Särgen. Ihren Blutdurst können sie zumindest ihren Freunden gegenüber unterdrücken.[274]

Aus den Veröffentlichungen der Kinder-Comics lässt sich Walt Disneys *Lustiges Taschenbuch. Geschäfte in Transsylvanien.* (1998) mit Micky Mouse und Onkel Dagobert sowie *Graf Duckula. Mein Leben als Vampir-Ente.* (1990) von Peter Menningen erwähnen. Selbst der moderne Held unter den Kinderbüchern *Harry Potter*

---

[270] Pütz, Susanne: Vampire und ihre Opfer. Der Blutsauger als literarische Figur. Bielefeld: Aisthesis 1992.
[271] Kroner, Michael: Dracula. Wahrheit, Mythos und Vampirgeschäft. Heilbronn: Johannis Reeg-Verlag 2005. S. 86.
[272] Ebd.
[273] Vgl. [Art.] Sommer-Bodenburg, Angela. In: Jänsch, Erwin: Vampir-Lexikon. Die Autoren des Schreckens und ihre blutsaugerischen Kreaturen. 200 Jahre Vampire in der Literatur. Augsburg: SoSo 1995. S. 269f.
[274] Equiamicus, Nicolaus: Vampire damals und heute: eine Chronologie. Diedorf: Ubooks-Verlag 2010. S. 226.

(1997 bis 2007), verfasst von der englischen Schriftstellerin Joanne K. Rowling, kommt in der siebenbändigen Fantasy-Romanreihe nicht ohne Vampire aus.[275]

Ende des 20. Jahrhunderts kam es verstärkt zur Entstehung von Vampirroman-Reihen, die bis ins neue Jahrtausend reichen. So zum Beispiel die *Necroscope-Reihe* (1986 bis 2010) des britischen Autors Brian Lumley, die von dem sensitiven Geheimdienstmitarbeiter Harry Keogh handelt, der die Fähigkeit besitzt, mit Toten zu sprechen. Weiterhin lässt sich die *Wächter-Reihe* (1998 bis 2007) des russischen Schriftstellers Sergej Wassiljewitsch Lukianenko nennen. In diesem Romanzyklus leben übernatürlich begabte Menschen, Gestaltwandler, Zauberer und Vampire unerkannt unter der normalen Menschheit. Außerdem erschien in den USA die Vampirromanreihe *The Vampire Diaries* (dt. *Tagebuch eines Vampirs*) (1991-1992) der Autorin Lisa Jane Smith. Diese Reihe, welche von der jungen Elena handelt, die von zwei Vampirbrüdern begehrt wird, sollte sehr populär werden, da sie Anfang des 21. Jahrhundert ins Deutsche übertragen wurde und seit 2009 als Serie (*Vampire Diaries*) ausgestrahlt wird.[276]

Resümierend lässt sich festhalten, dass die Werke des 19. Jahrhunderts das abergläubische Phantasiegebilde „Vampir", welches in seiner heidnischen Ausprägung verschiedene Ängste und Wünsche der menschlichen Psyche in sich birgt, gewissermaßen intellektualisiert haben. Dem Phänomen wurde keine inhärente Bedeutungsebene beigemessen, da statt der Innenwelt die Außenwelt des Menschen thematisiert wurde. Dies wurde anhand der verschiedenen Verknüpfungsvarianten der literarischen Vampirfigur mit religiösen, gesellschaftlichen, politischen, sexuellen oder wissenschaftlich relevanten Themenkomplexen ersichtlich. Im 20. Jahrhundert wurden diese Verarbeitungsweisen zwar keineswegs verworfen. Beispielsweise konzentriert sich auch Mathesons Roman *I am Legend* oder Bensons *Mrs. Ammworth* noch auf die wissenschaftliche Komponente des Sujets. Dennoch zeichnet sich in den Werken dieses Jahrhunderts eine Rückbesinnung auf die ursprünglichen Sinnschichten des imaginären Gebildes ab. Neben dem nach wie vor dominierenden sexuellen Gehalt erfuhr nun auch das psychogene Moment zunehmende Beachtung. Die übrigen Aspekte des Motivs, wie politische oder gesellschaftskritische Verarbeitungsformen, büßten ihre einstmals gewichtige Stellung zunehmend ein. Der bis dato weitgehend vernachlässigte Vampir trat nun anstelle des Opfers in den Mittelpunkt des Interesses, als ein Geschöpf, welches die beiden nun bevorzugten Komponenten des Sujets verkörpert.

---

[275] Vgl. Kroner, Michael: Dracula. Wahrheit, Mythos und Vampirgeschäft. Heilbronn: Johannis Reeg-Verlag 2005. S. 86f.
[276] Vgl. Equiamicus, Nicolaus: Vampire damals und heute: eine Chronologie. Diedorf: Ubooks-Verlag 2010. S. 226ff.

Susanne Pütz behauptet, die Figur des Vampirs erfülle ab dem Ende des 20. Jahrhunderts wieder die Funktion, die das Phänomen des slawischen Volksglaubens vor seinen zahlreichen Modifizierungen bereits innehatte. Der fiktive Vampir reflektiere nun wieder die unerlaubten oder unerfüllbaren Sehnsüchte der menschlichen Psyche.[277]

---

[277] Vgl. Pütz, Susanne: Vampire und ihre Opfer. Der Blutsauger als literarische Figur. Bielefeld: Aisthesis 1992. S. 166.

10. Schlussbetrachtung

Das Ziel der vorliegenden Arbeit war es, den Prozess aufzuzeigen, welchen der *Vampir*, angefangen als mythologische Sagengestalt aus antiker Vorzeit bis hin zu seiner modernen literarischen Motiv-Darstellung im 20. Jahrhundert durchlaufen hat, wobei das Hauptaugenmerk auf die romantische Epoche gerichtet war. Der Vampirstoff hatte sich ab dem 12. Jahrhundert von den Balkanländern aus über ganz Europa ausgebreitet. Zur damaligen Zeit hatten die Berichte der wiederkehrenden Toten keineswegs den Status eines Märchens oder Mythos, sondern wurden als ein Faktum angesehen, das auch die Kirche nicht ignorieren konnte. Im 18. Jahrhundert führten die gehäuften Vampirvorfälle sogar zu einer Hysterie, mit welcher sich die rationalistische Aufklärung konfrontiert sah. Zu dieser Zeit brachte das wissenschaftliche Interesse an den Revenants zahlreiche Schriften hervor, welche die Vampirerscheinungen zu erklären oder zu widerlegen versuchten.

Das literarische Vampirgenre nahm bereits in der antiken Dichtung, in Form von Lamien und Empusen, seinen Anfang, fand seine starke Ausformung jedoch erst im 19. Jahrhundert. Im Zeitalter der Aufklärung bildete als literarische Bearbeitung des Stoffes lediglich Ossenfelders Gedicht *Der Vampir* (1748) die Ausnahme. Die Blütezeit des Vampirs begann mit der Romantik, da erst sie einen immensen poetischen und literarischen Ausdruck für die Nachtseiten der menschlichen Natur fand. Den Auftakt erlebte der Vampir als instrumentelles Element der Schwarzen Romantik mit Johann Wolfgang von Goethes *Braut von Korinth* (1797). Im Laufe des 19. Jahrhunderts führten zahlreiche Werke, wie Sheridan Le Fanus *Carmilla* (1872), Ignaz Ferdinand Arnolds *Der Vampir* (1801), James Malcom Rymers *Varney the Vampire or the Feast of Blood* (1847) oder Iwan S. Turgenjews *Prizraki* (1864) zu einer weiteren Verbreitung des Vampirmotivs in ganz Europa. Die Romantik löste die Literatur von dem Guten und Schönen los und wendete sich erstmals dem Hässlichen und Bösen zu. Sie war gekennzeichnet von einer „Untrennbarkeit von Lust und Leid"[278], wonach nun Tod und Schönheit, sowie Schmerz und Sexualität eine Einheit bildeten. Die Figur des Vampirs diente dazu, die Kreatur des Bösen sowie das Element des Schreckens zu verkörpern.

Hierbei muss eine klare Differenzierung des Volksglauben-Vampirs und des literarischen Vampirs vorgenommen werden. Während der Vampir des slawischen Aberglaubens als „ein wiederkehrender Toter, der sein Grab verläßt, um Lebenden das Blut auszusaugen,

---

[278] Praz, Mario: Liebe, Tod und Teufel. Die schwarze Romantik. (Aus dem Ital. übers. v. Lisa Rüdiger). 2. Auflage. München: Deutscher Taschenbuch-Verlag 1981 (= dtv 4375, Dtv-Wissenschaft). S. 46.

das Vieh zu ruinieren oder anderen Schaden zuzufügen"[279], charakterisiert werden kann, zeichnet sich der literarische Vampir hingegen zumeist durch eine räumliche Absonderung und soziale Abgehobenheit aus. Er wurde

> seit seiner Erschaffung im frühen 19. Jahrhundert immer wieder dem Geschmack seiner Zeit angepasst, blieb dabei aber stets der ‚Andere', derjenige, der gegen alle Konventionen der Gesellschaft verstößt. Indem er sich in den ersten Jahren nach seiner Schaffung noch als ein grundböses Wesen, als eine Art dunkler Gott, gar als Antichrist schlechthin herausstellte, so verkörpert er alles, was von der bürgerlichen Gesellschaft jener Zeit abgelehnt wurde: Er setzte sich offen über soziale Konventionen hinweg und war ein durch und durch sexuelles Wesen, das dies nur zu offen zur Schau trug.[280]

Demzufolge zeichnet sich die romantische Figur des Vampirs neben den klassischen optischen Erscheinungsmerkmalen, wie Blässe oder spitze hervorstehende Zähne, besonders stark durch das Element der Erotik aus. Bei der Untersuchung wurde festgestellt, dass besonders der Angriff des Vampirs, in Form eines Bisskusses, sowie dessen Tötung durch einen Pfahl sexualpsycholgische Deutungsweisen hervorrufen, indem sie Assoziationen zum Geschlechtsakt auslösen. Des Weiteren wurde die vampiristische Darstellung der Geschlechter herausgearbeitet. Während der repräsentative männliche Vampir der düstere, charismatische Höfling – der *gothic villian* – war, avancierte hingegen das weibliche Opfer des Vampirs – die *Femme fragile* – im Laufe des 19. Jahrhunderts zur Verführungskünstlerin und zum männermordenden Ungetüm – der *Femme fatale*.

Um die unterschiedliche Bearbeitung des Vampirstoffes in der Romantik genauer aufzeigen zu können, wurden Johann Wolfgang von Goethes *Braut von Korinth* (1797), John William Polidoris *The Vampyre* (1819) und Alexei Konstantinowitsch Tolstois *Upyr* (1841) eingehender hinsichtlich der Thematik untersucht.

Mit der Entwicklung des Vampirgenres im 20. Jahrhundert konnte festgestellt werden, dass der Vampir in den zahlreichen literarischen Bearbeitungen dieses Zeitabschnitts seine religiöse, gesellschaftskritische und politische Dimension zwar einbüßte, aber nun anstelle des Opfers als der Protagonist und Romanheld in den Mittelpunkt des Handlungsgeschehens rückte. Der moderne Vampir wurde, so beispielsweise in Anne Rices *Interview with the Vampire* (1976), individualisiert und seine innersten Gefühle und Sehnsüchte wurden plötzlich offengelegt.

---

[279] Kreuter, Peter Mario: Der Vampirglaube in Südosteuropa. Studien zu Genese, Bedeutung und Funktion. Rumänien und der Balkanraum. Berlin: Weidler 2001 (= Romaníce 9). S. 17.
[280] Equiamicus, Nicolaus: Vampire damals und heute: eine Chronologie. Diedorf: Ubooks-Verlag 2010. S. 278.

> Ist die Vampirfigur Polidoris, Le Fanus oder Stokers noch brutal und verachtet alles Menschliche, so hat sich der moderne literarische Vampir in dieser Hinsicht völlig gewandelt. Er wurde zum tragischen Außenseiter, zum Kavalier im Zeitalter der emanzipierten Frau und der Ellenbogen-Gesellschaft, und verstößt damit in nicht geringerer Weise gegen die heutigen gesellschaftlichen Konventionen.[281]

Somit endet das unbändige Interesse an der literarischen Vampirfigur auch zu Beginn des 21. Jahrhunderts nicht. Vampire sind besonders bei den Jugendlichen immer noch „in", was durch die *Twilight-Serie*[282] (2005 bis 2009) der amerikanischen Autorin Stephenie Meyer bestätigt wird. Diese Buch-Reihe schildert die Liebesgeschichte des Vampirs Edward Cullen und der Highschool-Schülerin Isabella Swan. Neben *guten* und *bösen* Vampiren treten in der Romanreihe auch Werwölfe auf, die den Revenants feindlich gegenüberstehen. Der junge Indianer Jacob Black, welcher gleichzeitig ein Werwolf ist, verliebt sich genau wie Edward in „Bella" und versucht sie für sich zu gewinnen, was jedoch scheitert. Schließlich kämpfen die Werwölfe, die ausschließlich aus Mitgliedern des indianischen Quileute-Stammes bestehen, gemeinsam mit Edwards Familie, die gute Vampire sind, da sie Tierblut trinken, um friedlich neben den Menschen koexistieren zu können, gegen böse Vampire, die Menschen töten, ihr Blut trinken und Bella Schaden zufügen wollen. Ähnlich wie Rice entwirft Meyer eine gesellschaftliche Hierarchie der Vampire. Die Volturi, eine mächtige Vampirgemeinschaft, die ihren Sitz in Italien haben, bilden die königliche Herrschaft über alle anderen existierenden Vampire weltweit. Sie wachen darüber, dass sich alle an die Vampirgesetze[283] halten und greifen notfalls mit mächtigen Sanktionsmaßnahmen durch. Meyers romantischer Frauenroman suggeriert den Jugendlichen, sich nicht bedenkenlos der Party-, Sex- und Spaßkultur moderner Tage hinzugeben.[284] Da in ihrem Roman kein Sex vor der Ehe vorkommt, knüpft sie damit sogar an katholische Traditionen an und versucht somit den Lesern Werte wie Treue, Freundschaft und Moral näherzubringen.

Vor und vermehrt natürlich nach dem Erscheinen von Meyers *Biss-Reihe* erschien eine Flut von ähnlichen Romanen und Buchreihen anderer Autoren. Diese sind entweder dem romantischen Fantasygenre[285], dem historischen Vampirroman[286] oder dem Vampir-

---

[281] Equiamicus, Nicolaus: Vampire damals und heute: eine Chronologie. Diedorf: Ubooks-Verlag 2010. S. 278f.
[282] Die *Twilight-Serie* umfasst folgende vier Bände: *Twilight* 2005 (dt. *Bis(s) zum Morgengrauen*), *New Moon* 2006 (dt. *Bis(s) zur Mittagsstunde*), *Eclipse* 2007 (dt. *Bis(s) zum Abendbrot*), *Breaking Dawn* 2008 (dt. *Bis(s) zum Ende der Nacht*).
[283] Zu diesen Gesetzen zählen beispielsweise die Verbote, sich den Menschen als Vampir erkennen zu geben und Kinder in Vampire zu verwandeln.
[284] Vgl. Equiamicus, Nicolaus: Vampire damals und heute: eine Chronologie. Diedorf: Ubooks-Verlag 2010. S. 232ff.
[285] So beispielsweise die historisch angehauchte fünfbändige *Schattenritter-Reihe* (2006 bis 2010) der amerikanischen Autorin Kathryn Smith oder die siebenbändige *Guardians of Eternity-Reihe* (2007 bis

Jugendroman[287] zuzuordnen. Eine weitere Ausdrucksform des Sujets ist der erotische Vampirroman, wie beispielsweise die achtbändige *Midnight-Breed-Reihe* (2007 bis 2010) von Lara Adrian oder die vierzehnbändige *Argeneau-Reihe* (2005 bis 2010) von Lynsay Sands, die sich kurzerhand vom Schreiben historischer Liebesromane auf das einträglichere Geschäft der Vampir-Liebesromane verlegt haben.

Außerdem trat das moderne Vampirgenre in humoristischen Romanen, wie zum Beispiel der neunbändigen *Undead-Reihe* (2004 bis 2010) von Mary Janice Davidson oder der achtbändigen *Dark Ones-Buchreihe* (2003 bis 2010) von Katie Mac Alister, sowie in japanischen Manga-Comics[288] in Erscheinung.[289]

Diese Fülle an literarischen Bearbeitungen des Sujets lässt erkennen, dass das Interesse am Vampirischen nach wie vor ungebrochen und scheinbar so groß wie nie zuvor ist. Doch worin begründet sich dies in der modernen Zeit? Hans Meurer behauptet, der moderne Mensch lebe in einer vampiresken Kultur des Todes, in der das individuelle Leben immer nichtiger werde und somit die Angst nur noch zum Schein zu leben bliebe, woraufhin diese neue Angst eine alte Projektionsfigur benötige – den Vampir. Dieser verschwand nicht einfach aus den Gedanken der Menschen. Genau wie er arbeitet der Mensch beispielsweise mithilfe von Gentechnik an seiner Unsterblichkeit und um diese göttliche Allmacht psychisch verarbeiten zu können, nutzt er die Vampirfigur.[290]

Letztlich wird der Vampir-Mythos immer wieder neu ausgelegt und unterliegt einem stetigen Wandel:

> Die zunehmende Atheisierung der Welt wird auch den Vampir verändern, denn dieser Vampir ist und bleibt ein theologisches Wesen. Aber solange wir in den Strukturen unserer derzeitigen moralischen Weltordnung leben, bleibt die Angst vorhanden. Und wenn die Angst kommt, kommen die Gespenster, Angst vor mo-

---

2010) von Alexandra Ivy, bei der neben Vampiren auch Werwölfe vorkommen, sowie die bisher dreibändige romantische Fantasyreihe *Licht und Schatten* (2006 bis 2009) der deutschen Schriftstellerin Jeanine Krocks, in der Feen und Vampire zueinander finden.

[286] Hierfür lassen sich folgende Beispiele anführen: die vierbändige *Kinder des Judas-Reihe* (2007 bis 2010) von Markus Heitz, die *Vampyr-Trilogie* (2006 bis 2008) von Brigitte Melzer sowie die vierbändige *Erben der Nacht-Reihe* (2008 bis 2010) von Ulrike Schweikert.

[287] In diesem Bereich sind ebenso Grusel, Romantik, Fantasy und Parodie vertreten, so etwa in Lisa J. Smith' bereits genannter *Tagebuch eines Vampirs-Reihe* oder in ihrer zehnbändigen *Night World-Reihe* (1996 bis 2011). Weiterhin lässt sich für diese Literatursparte beispielhaft Rachel Claines neunbändige *Morganville-Vampires-Reihe* (dt. *Haus der Vampire*) (2006 bis 2010) sowie Franziska Gehms siebenbändige *Vampirschwestern-Reihe* (2008 bis 2010) anführen.

[288] Zum Beispiel die Reihen *Vampire Knight, Vampire Hunter D, Hellsing, Trinity Blood* oder *Vampire Princess Miyu*. Die Geschichten wurden teils filmisch, hauptsächlich in Animeserien umgesetzt.

[289] Vgl. Equimicus, Nicolaus: Vampire damals und heute: eine Chronologie. Diedorf: Ubooks-Verlag 2010. S. 235ff.

[290] Vgl. Meurer, Hans: Vampire. Die Engel der Finsternis. Der dunkle Mythos von Blut, Lust und Tod. Freiburg i. Brsg.: Eulen-Verlag 2001. S. 126.

> ralischem Verfall, vor Chaos und Katastrophen wird den Vampir immer wieder
> neu erstehen lassen in seiner ganzen dämonischen Kraft und Faszination.[291]

Demzufolge wäre es die Aufgabe der Figur des Revenants, den Menschen zu warnen, wenn er Gott entsagt und somit seine wechselseitige Verbundenheit zum Geist des Schöpfers verleugnet. Denn sonst nähme er vampirische Züge an und drohe seine Seele zu verlieren.

Es herrscht ein andauernder Medienhype um die Figur des Blutsaugers, der sich nicht nur in zahlreichen literarischen Werken, sondern ebenso in „Vampir-Serien, Vampir-Musicals, Vampir-Werbung und mittlerweile sogar Vampir-Gummibärchen"[292] offenbart. Doch begründet sich, wie einst im 12. Jahrhundert in den Balkanländern der Glaube an die Vampirmythen, die heutige Zelebration des Motivs tatsächlich vorwiegend in der menschlichen Angst vor Versagen, Verfall und Tod? Es muss doch mehr als Angst sein, die den Menschen des 21. Jahrhunderts dazu motiviert, den Vampir immer wieder neu auferstehen und ihn wahrhaft unsterblich werden zu lassen. Seit der Blütezeit der Romantik hat die Faszination des ursprunghaften Bösen, des Triebhaften und des Übermenschlichen ihren Glanz und ihre Verführungskraft nicht verloren, was anhand der Fülle und Gestaltung der unterschiedlichen Vampirliteratur ersichtlich wurde. Erst die Figur des untoten Wiedergängers vermochte es in grenzenloser Weise, die menschliche Sehnsucht nach Macht, Sexualität, Schönheit und Unsterblichkeit zu stillen. Somit wäre der Vampir nicht allein die moderne Projektionsfigur von Angst, sondern gleichfalls die der Sehnsüchte.

---

[291] Meurer, Hans: Vampire. Die Engel der Finsternis. Der dunkle Mythos von Blut, Lust und Tod. Freiburg i. Brsg.: Eulen-Verlag 2001. S. 128.
[292] Rottenfusser, Roland: Glanz der Vampire. http://www.zeitpunkt.ch/news/artikel-einzelansicht/artikel/glanz-der-vampire.html (09.11.2011).

11. Literaturverzeichnis

Primärliteratur:

Bachmann, Ingeborg: Die Gedichte. Leipzig: Insel-Verlag 1980 (= Insel-Bücherei Nr. 1037).

Bergerac, Cyrano de: Die Reise zu den Mondstaaten und Sonnenreichen. Zwei klassische Science-fiction-Romane. (Aus dem Frz. übers. v. Martha Schimper). München: Heyne 1986 (= Heyne-Bücher: 06, Heyne Science Fiction & Fantasy: Bibliothek der Science-fiction-Literatur 56).

Byron, George Gordon: Der Giaur. (Aus dem Engl. übers. v. Friederike Friedmann). Leipzig: F. U. Brockhaus 1854.

Goethes Unterhaltungen mit dem Kanzler Friedrich von Müller. Hrsg. von C.A.H. Burkhardt. 2. Auflage. Stuttgart: Cotta 1898.

Lamb, Caroline: Glenarvon. Editet by Deborah Lutz. Kansas City: Valancourt Books 2007.

Le Fanu, Joseph Sheridan: Carmilla. In: Von denen Vampiren oder Menschensaugern. Dichtungen und Dokumente. Hrsg. von Dieter Sturm u. Klaus Völker. Frankfurt a.M.: Suhrkamp 2003 (= Phantastische Bibliothek, Band 306).

Maturin, Charles Robert: Melmoth der Wanderer. Roman. (Aus dem Engl. übers. v. Friedrich Polakovics) München: Hanser 1969 (= Bibliotheka Dracula).

Maupassant, Guy de: Der Horla. Zehn Novellen. (Aus dem Frz. übers. v. von Christel Gersch). Berlin: Rütten & Loening 1989.

Polidori, John William: Der Vampyr. Eine Erzählung. (Aus dem Engl. übers. v. Heiko Postma). 2. Auflage. Hannover: jmb-Verlag 2011 (= Kabinett der Phantasten 8).

Rice, Anne: Gespräch mit einem Vampir. (Aus dem Engl. übers. v. Karl Berisch u. C. P. Hofmann). 3. Auflage. München: Goldmann 1992 (=Goldmann Taschenbücher Bd. 41015).

Rymer, James Malcom; Prest, Thomas Peckett: Varney, der Vampir oder das Fest des Blutes. Der erste Vampirroman. München: Heyne 1976.

Stoker, Bram: Dracula. Ein Vampyr-Roman. (Aus dem Engl. übers. v. Heinz Wildtmann). 3. Auflage. Frankfurt a.M.: Fischer-Taschenbuch-Verlag 2008 (= Fischer Klassik, Bd.: 90108).

Tolstoi, Alexej K.: Der Vampir. (Aus dem Russ. übers. v. Werner Creutziger). Berlin/Weimar: Aufbau-Verlag 1972 (= BB 239).

Turgenjew, Iwan: Gesammelte Werke. Hrsg. u aus dem Russ. übers. v. Johannes von Guenther. Band 5. Berlin: Aufbau-Verlag 1952.

Von Goethe, Johann Wolfgang: Die Braut von Korinth. In: Goethes Werke. Gedichte und Epen. Band 1. Hrsg. v. Erich Trunz. 8. Auflage. Hamburg: Christian-Wegner-Verlag 1966.

Von Goethe, Johann Wolfgang: Faust. Zweiter Teil. In: Goethes Sämtliche Werke. Jubiläums-Ausgabe. 14. Band. Hrsg. v. Eduard von der Hellen. Stuttgart/ Berlin: Cotta 1906.

Von Goethe, Johann Wolfgang: Philosophische und naturwissenschaftliche Schriften. New York: Elibron Classics 2001.

Sekundärliteratur:

Borrmann, Norbert: Vampirismus oder die Sehnsucht nach Unsterblichkeit. München: Diederichs 1998.

Brittnacher, Hans Richard: Ästhetik des Horrors. Gespenster, Vampire, Monster, Teufel und künstliche Menschen in der phantastischen Literatur. Frankfurt a.M.: Suhrkamp 1994 (= Suhrkamp-Taschenbuch 2397).

Brittnacher, Hans Richard: Phantasmen der Niederlage. Über weibliche Vampire und ihre männlichen Opfer um 1800. In: Poetische Wiedergänger. Deutschsprachige Vampirismus-Diskurse vom Mittelalter bis zur Gegenwart. Hrsg. von Julia Bertschik u. Christa Agnes Tuczay. Tübingen: Francke 2005.

Bunson, Matthew: Das Buch der Vampire. Von Dracula, Untoten und anderen Fürsten der Finsternis. Ein Lexikon. München: Heyne 2001.

Callois, Roger: Das Bild des Phantastischen. Vom Märchen bis zur Science Fiction. In: Phaïcon I. Almanach der phantastischen Literatur. Hrsg. von Rein A. Zondergeld. Frankfurt a.M.: Insel-Verlag 1974.

Cella, Ingrid: „... es ist überhaupt gar nichts da." Strategien der Visualisierung und Entvisualisierung der vampirischen Femme fatale. In: Poetische Wiedergänger. Deutschsprachige Vampirismus-Diskurse vom Mittelalter bis zur Gegenwart. Hrsg. von Julia Bertschik u. Christa Agnes Tuczay. Tübingen: Francke 2005.

Claes, Oliver: Fremde. Vampire: Sexualität, Tod und Kunst bei Elfriede Jelinek und Adolf Muschg. Bielefeld: Aisthesis 1994.

De Simine, Silke Arnold: Wiedergängerische Texte. Die intertextuelle Vernetzung des Vampirmotivs in E.T.A. Hoffmanns „Vampirismus"-Geschichte (1821). In: Poetische Wiedergänger. Deutschsprachige Vampirismus-Diskurse vom Mittelalter bis zur Gegenwart. Hrsg. von Julia Bertschik u. Christa Agnes Tuczay. Tübingen: Francke 2005.

Döring, Ramona: Vom Monster zur Identifikationsfigur: der Vampirmythos im Wandel. In: Mythen in der Kunst. Hrsg. von Hans Körner. Würzburg: Königshausen & Neumann 2004 (= Mythos No. 1).

Dracula unbound. Kulturwissenschaftliche Lektüren des Vampirs. Hrsg. v. Christian Begemann, Britta Herrmann, Harald Neumeyer. Freiburg i. Brsg. [u.a.]: Rombach 2008 (= Rombach-Wissenschaften, Reihe Litterae, Bd. 163).

Equiamicus, Nicolaus: Vampire damals und heute: eine Chronologie. Diedorf: Ubooks-Verlag 2010.

Freund, Winfried: Der entzauberte Vampir. Zur parodistischen Rezeption des Grafen Dracula bei Hans Carl Artmann und Herbert Rosendorfer. In: Rezeptionspragmatik. Beiträge zur Praxis des Lesens. Hrsg. von Gerhard Köpf. München: Fink 1981 (= Unitaschenbücher; Bd. 1026).

Goethe Handbuch. Band 1. Gedichte. Hrsg. v. Regine Otto und Bernd Witte. Stuttgart [u.a.]: Metzler 1996.

Goethe ueber seine Dichtungen. Versuch einer Sammlung aller Aeusserungen des Dichters ueber seine poetischen Werke. Theil 3: Die lyrischen Dichtungen. Band 1. Hrsg. von Hans Gerhard Gräf. Frankfurt a. M.: Rütten & Loening 1912.

Göbler, Frank: Das Werk Aleksej Konstantinovič Tolstojs. München: Verlag Otto Sagner in Kommission 1992 (= Arbeiten und Texte zur Slavistik 53).

Graham, Ilse: Goethe. Schauen und Glauben. Berlin [u.a.]: de Gruyter 1988.

Handwörterbuch des deutschen Aberglaubens. Band VI. Hrsg. von E. Hoffmann- Krayer. Berlin/ Leipzig: de Gruyter 1934/35.

Harenbergs Lexikon der Weltliteratur. Autoren – Werke – Begriffe. Band 5: San – Z. 2. Auflage. Dortmund: Harenberg Lexikon-Verlag 1989.

Hinck, Walter: Die deutsche Ballade von Bürger bis Brecht. Kritik und Versuch einer Neuorientierung. 2. Auflage. Göttingen: Vandenhoeck & Ruprecht 1968 (= Kleine Vandenhoeck-Reihe 273, Sonderband).

Hock, Stefan: Die Vampyrsagen und ihre Verwertung in der deutschen Literatur. Berlin: Duncker 1900 (= Forschungen zur neueren Literaturgeschichte 17).

Jänsch, Erwin: Vampir-Lexikon. Die Autoren des Schreckens und ihre blutsaugerischen Kreaturen. 200 Jahre Vampire in der Literatur. Augsburg: SoSo 1995.

Kreuter, Peter Mario: Der Vampirglaube in Südosteuropa. Studien zu Genese, Bedeutung und Funktion. Rumänien und der Balkanraum. Berlin: Weidler 2001 (= Romaníce 9).

Kroner, Michael: Dracula. Wahrheit, Mythos und Vampirgeschäft. Heilbronn: Johannis Reeg-Verlag 2005.

Lichtblau, Karin: "Und der Verdammte bist du allein!" Vampire in der deutschen Oper. In: Poetische Wiedergänger. Deutschsprachige Vampirismus-Diskurse vom Mittelalter bis zur Gegenwart. Hrsg. von Julia Bertschik u. Christa Agnes Tuczay. Tübingen: Francke 2005.

Mayer, Mathias: Natur und Reflexion. Studien zu Goethes Lyrik. Frankfurt a. M.: Vittorio Klostermann 2009 (= Das Abendland – Neue Folge 35).

Meurer, Hans: Vampire. Die Engel der Finsternis. Der dunkle Mythos von Blut, Lust und Tod. Freiburg i. Brsg.: Eulen-Verlag 2001.

Meyers Konversations-Lexikon. Eine Encyclopädie des allgemeinen Wissens. Band 13: Phlegon – Rubinstein. 4. Auflage. Leipzig: Verlag des Bibliographischen Instituts 1888.

Meyers Konversations-Lexikon. Eine Encyclopädie des allgemeinen Wissens. Band 16: Uralsk – Zz. 4. Auflage. Leipzig: Verlag des Bibliographischen Instituts 1888.

Müller-Seidel, Walter: Die Geschichtlichkeit der deutschen Klassik. Literatur und Denkformen um 1800. Stuttgart: Metzler 1983.

Praz, Mario: Liebe, Tod und Teufel. Die schwarze Romantik. (Aus dem Ital. übers. v. Lisa Rüdiger). 2. Auflage. München: Deutscher Taschenbuch-Verl. 1981 (= dtv 4375, Dtv-Wissenschaft).

Pütz, Susanne: Vampire und ihre Opfer. Der Blutsauger als literarische Figur. Bielefeld: Aisthesis 1992.

Rahe, Konrad: Als noch Venus' heitrer Tempel stand. Heidnische Antike und christliches Abendland in Goethes Ballade Die Braut von Korinth. In: Antike und Abendland. Band 45. Hrsg. v. Wolfgang Harms [u.a.]. Berlin [u.a.]: Walter de Gruyter 1999.

Ranft, Michael: Tractat von dem Kauen und Schmatzen der Todten in Gräbern, worin die wahre Beschaffenheit derer Hungarischen Vampyrs und Blut-Sauger gezeigt, auch alle von dieser Materie bißher zum Vorschein gekommene Schrifften recensiret werden. Leipzig: Teubner's Buchladen 1734.

Rassmann, Friedrich: Literarisches Handwörterbuch der verstorbenen deutschen Dichter und zur schönen Literatur gehörenden Schriftsteller in acht Zeitabschnitten, von 1137 bis 1824. Leipzig: Lauffer 1826.

Reallexikon der deutschen Literaturwissenschaft. Neubearbeitung des Reallexikons der deutschen Literaturgeschichte. Band III. Hrsg. von Jan-Dirk Müller. Berlin/ New York: de Gruyter 2007.

Rottenfusser, Roland: Glanz der Vampire. http://www.zeitpunkt.ch/news/artikel-einzelansicht/artikel/glanz-der-vampire.html (09.11.2011).

Ruthner, Clemens: Untote Verzahnungen. Prolegomena zu einer Literaturgeschichte des Vampirismus. In: Poetische Wiedergänger. Deutschsprachige Vampirismus-Diskurse vom Mittelalter bis zur Gegenwart. Hrsg. von Julia Bertschik u. Christa Agnes Tuczay. Tübingen: Francke 2005.

Schemme, Wolfgang: Goethe: Die Braut von Korinth. Von der literarischen Dignität des Vampirs. In: Wirkendes Wort. Deutsche Sprache und Forschung und Lehre. 36. Jahrgang. Hrsg. v. Theodor Lewandowski [u.a.]. Düsseldorf: Schwann 1986.

Steinhauer, Eric W.: Vampyrologie für Bibliothekare. Eine kulturwissenschaftliche Lektüre des Vampirs. Hagen-Berchum: Eisenhut-Verlag 2011 (= Bibliothope, Bd. 1).

Vieregge, André: Nachtseiten. Die Literatur der Schwarzen Romantik. Frankfurt a.M. [u.a.]: Lang 2008 (= Europäische Hochschulschriften, Deutsche Sprache und Literatur, Reihe 1).

Von denen Vampiren oder Menschensaugern. Dichtungen und Dokumente. Hrsg. von Dieter Sturm u. Klaus Völker. Frankfurt a.M.: Suhrkamp 2003 (= Phantastische Bibliothek, Band 306).

Von Wilpert, Gero: Sachwörterbuch der Literatur. 8. verbesserte und erweiterte Auflage. Stuttgart: Kröner 2001.

Wild, Reiner: Goethes klassische Lyrik. Stuttgart [u.a.]: Metzler 1999.

Wörterbuch der Mythologie. Hrsg. v. Hans Wilhelm Haussig. Abt. 1: Die alten Kulturvölker. Band 2: Götter und Mythen im Alten Europa. Stuttgart: Klett-Cotta 1973.

Zondergeld, Rein A.: Lexikon der phantastischen Literatur. Frankfurt a.M.: Suhrkamp 1983 (= Phantastische Bibliothek 91; Suhrkamp-Taschenbuch 880).

Über die Autorin

Rebecca Tille wurde 1987 in Gotha geboren. Ihr Studium der Germanistik und Philosophie an der Friedrich-Schiller-Universität Jena schloss die Autorin 2012 erfolgreich ab.